Wellington auf einen Blick

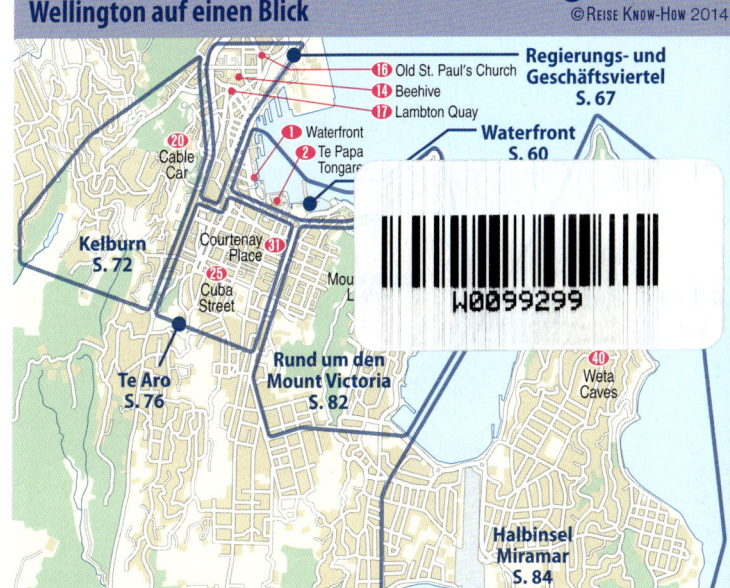

Nicht verpassen!	1
Benutzungshinweise	5
Impressum	6

Auf ins Vergnügen 7

Wellington im Intensivdurchgang	8
Wellington für Citybummler	14
Wellington für Kauflustige	15
Wellington für Genießer	23
Wellington am Abend	31
Wellington für Kunst- und Museumsfreunde	36
Wellington zum Träumen und Entspannen	41
Zur richtigen Zeit am richtigen Ort	42

Am Puls der Stadt 45

Das Antlitz Wellingtons	46
Von den Anfängen bis zur Gegenwart	48
Leben in der Stadt	51
Wellywood – Neuseelands Filmstadt	53

Wellington entdecken 59

Die Innenstadt entlang der Waterfront 60

❶ Waterfront ★★★	60
❷ Te Papa Tongarewa National Museum ★★★	61
❸ Solace in the Wind ★★	62
❹ Te Raukura ★★	62
❺ Kupe Statue ★	63
❻ Water Whirler ★★	64
❼ Museum of Wellington City & Sea ★★★	65
❽ City to Sea Bridge ★	65
❾ Civic Square ★★★	66
❿ City Gallery ★★	66

Regierungs- und Geschäftsviertel 67

⓫ Old Bank Arcade ★★	67
⓬ Old Government Buildings ★	67

◁ *Wellingtons typisches Gesicht: grüne Hügel, Buchten und das Meer*

⓭ Old Parliament Buildings and Library ★	68
⓮ Beehive (Bienenkorb) ★★★	69
⓯ Cenotaph Statue ★	70
⓰ Old St Paul's Church ★★★	70
⓱ Lambton Quay ★★★	71
⓲ Plimmerton Statue ★	71
⓳ Willis Street ★	72

Kelburn – Wohnen und Studieren mit Aussicht 72

⓴ Cable Car ★★★	72
㉑ Botanic Gardens ★	74
㉒ Carter Observatory (Planetarium) ★★	74
㉓ Zealandia ★★★	75

Te Aro – das Vergnügungsviertel 76

㉔ St Mary of the Angels Church ★★	76
㉕ Cuba Street ★★★	77
㉖ National War Memorial und Carillon ★★	78
㉗ New Zealand Dominion Museums Building ★	79
㉘ New Zealand Film Archive ★	79
㉙ Queen Victoria Statue ★	79
㉚ Tripod Statue ★★	80
㉛ Courtenay Place ★★★	81
㉜ Embassy Theatre ★★★	81

Rund um den Mount Victoria 82

㉝ Mount Victoria Park ★★★	82
㉞ St Gerard's Church and Monastery ★	83
㉟ Mount Victoria Lookout ★★★	83

Halbinsel Miramar 84

Filmviertel Miramar 84

㊱ Stone Street Studios ★	84
㊲ Roxy Cinema ★★	84
㊳ Park Road Post Production ★★	85
㊴ Weta Workshop ★	86
㊵ Weta Caves ★★★	87

Naturerlebnis Miramar 88

㊶ Shelly Bay ★★★	88
㊷ Scorching Bay ★★★	88
㊸ Seatoun ★	88
㊹ Lyall Bay ★	89

Erlebenswertes außerhalb der Stadt 90

㊺ Petone ★★	91
㊻ Eastbourne ★★	91
㊼ Somes Island ★★★	94
㊽ Weingegend Wairarapa ★★★	95
㊾ Kapiti Coast ★★	97

Praktische Reisetipps 99

An- und Rückreise	100
Barrierefreies Reisen	103
Diplomatische Vertretungen	103
Ein- und Ausreisebestimmungen	104
Elektrizität	105
Film und Foto	105
Geldfragen	106
Informationsquellen	108
Internet und Internetcafés	110
Maße und Gewichte	111
Medizinische Versorgung	111
Mit Kindern unterwegs	112
Notfälle	115
Öffnungszeiten	116
Post	116
Radfahren	116
Schwule und Lesben	117
Sicherheit	118
Sport und Erholung	119
Sprache	121
Stadttouren	121
Telefonieren	122
Uhrzeit	122
Unterkunft	123
Verhaltenstipps	126
Verkehrsmittel	126
Versicherungen	129
Wetter und Reisezeit	129

Anhang 131

Kleine Sprachhilfe	132
Register	133
Die Autorin	136
Wellington mit PC, Smartphone & Co	140
Liste der Karteneinträge	141
Zeichenerklärung	144

Benutzungshinweise

Bewertung der Sehenswürdigkeiten

★★★ auf keinen Fall verpassen
★★ besonders sehenswert
★ wichtige Sehenswürdigkeit für speziell interessierte Besucher

Abkürzungen

> Cres = Crescent (Bogen)
> Ln = Lane (Gasse)
> Mt = Mount (Berg)
> Pde = Parade (Boulevard)
> Pl = Place (Platz)
> Rd = Road (Straße)
> St = Street (Straße)
> Tce = Terrace (Terrasse)

Telefonvorwahlen

> Neuseeland: 0064
> Wellington: 04

Preisangaben

Bei Preisangaben im Buch steht die Währung $ für Neuseeland-Dollar.

Orientierungssystem

Zur schnelleren Orientierung tragen alle Hauptsehenswürdigkeiten und Lokalitäten sowohl im Text als auch im Kartenmaterial die gleiche Nummer:

 59 Mit Symbol und fortlaufender Nummer werden die sonstigen Lokalitäten wie Cafés, Geschäfte, Hotels, Infostellen usw. gekennzeichnet.

⓭ Mit einer fortlaufenden magentafarbenen Nummer sind die Hauptsehenswürdigkeiten gekennzeichnet. Steht die Nummer im Fließtext, verweist sie auf die Beschreibung dieser Sehenswürdigkeit im Kapitel „Wellington entdecken".

> Die farbige Linie markiert den Verlauf des Stadtspaziergangs (s. S. 8).

[C1] In eckigen Klammern steht das Planquadrat im Kartenmaterial, in diesem Beispiel Planquadrat C1.

Ortsmarken ohne Angabe des Planquadrats liegen außerhalb unserer Karten. Sie können aber wie alle Örtlichkeiten in unseren speziellen Luftbildkarten auf der Produktseite dieses Buches unter www.reise-know-how.de oder direkt unter http://ct-wellington.reise-know-how.de lokalisiert werden.

Exkurse zwischendurch

Das gibt es nur in Wellington 13
Wellingtons Cafészene. 25
Monument „Paddy the Wanderer" . . . 39
Eine Stadt am Wasser 53
Wichtige Begriffe in Te Reo Maori. . . . 64
Bucket Fountain – verrückter Springbrunnen lässt Passanten springen. . 77
Eastbourne Coastal Walk – Leuchtturm, Pinguine, Paua-Shells 93
Wellington preiswert 107
Meine Literaturtipps 109
Öko-Transport mit Geschichte: Trolleybus 127

Impressum

Anja Schönborn

CityTrip Wellington

erschienen im
Reise Know-How Verlag Peter Rump GmbH,
Osnabrücker Str. 79, 33649 Bielefeld

© Reise Know-How Verlag
Peter Rump GmbH
1. Auflage 2014
Alle Rechte vorbehalten.

ISBN 978-3-8317-2367-6
Printed in Germany

Dieses Buch ist erhältlich in jeder Buchhandlung Deutschlands, der Schweiz, Österreichs, Belgiens und der Niederlande. Bitte informieren Sie Ihren Buchhändler über folgende Bezugsadressen:
 Deutschland: Prolit GmbH, Postfach 9, D-35461 Fernwald (Annerod) sowie alle Barsortimente
 Schweiz: AVA Verlagsauslieferung AG, Postfach 27, CH-8910 Affoltern
 Österreich: Mohr Morawa Buchvertrieb GmbH, Sulzengasse 2, A-1230 Wien
 Niederlande, Belgien: Willems Adventure, www.willemsadventure.nl
Wer im Buchhandel kein Glück hat, bekommt unsere Bücher auch über unseren Büchershop im Internet:
www.reise-know-how.de

Herausgeber: Klaus Werner
Lektorat: amundo media GmbH
Layout: Klaus Werner (Umschlag), amundo media GmbH (Inhalt)
Karten: Ingenieurbüro B. Spachmüller, amundo media GmbH
Druck und Bindung: Media-Print, Paderborn
Fotos: siehe Bildnachweis Seite 136
Anzeigenvertrieb: KV Kommunalverlag GmbH & Co. KG, Alte Landstraße 23, 85521 Ottobrunn, Tel. 089 928096-0, info@kommunal-verlag.de

Alle Informationen in diesem Buch sind von der Autorin mit größter Sorgfalt gesammelt und vom Lektorat des Verlages gewissenhaft bearbeitet und überprüft worden. Da inhaltliche und sachliche Fehler nicht ausgeschlossen werden können, erklärt der Verlag, dass alle Angaben im Sinne der Produkthaftung ohne Garantie erfolgen und dass Verlag wie Autorin keinerlei Verantwortung und Haftung für inhaltliche und sachliche Fehler übernehmen.
Die Nennung von Firmen und ihren Produkten und ihre Reihenfolge sind als Beispiel ohne Wertung gegenüber anderen anzusehen. Qualitäts- und Quantitätsangaben sind rein subjektive Einschätzungen der Autorin und dienen keinesfalls der Bewerbung von Firmen oder Produkten.
Wir freuen uns über Kritik, Kommentare und Verbesserungsvorschläge:
info@reise-know-how.de

Latest News
Unter **www.reise-know-how.de** werden aktuelle Ergänzungen und Änderungen der Autoren und Leser zum vorliegenden Buch bereitgestellt. Sie sind auf der Produktseite dieses CityTrip-Titels abrufbar.

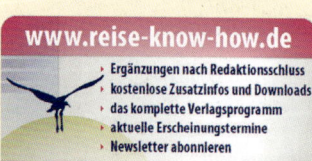

Anja Schönborn

CITY|TRIP
WELLINGTON

Nicht verpassen!   Karte S. 3

1 Wellington Waterfront [D4]
Wer den bildhübschen, vielseitigen Hafen nicht gesehen hat, kennt Wellingtons Gesicht nicht. Hier schlägt das Herz der Stadt (s. S. 60).

2 Te Papa Tongarewa National Museum [D5]
Auf sechs Stockwerken beherbergt das Nationalmuseum viele interaktive Ausstellungen zu Neuseelands Geologie, Maori-Kultur und Naturvielfalt (s. S. 61).

14 Beehive (Bienenkorb) [C1]
Hier sitzt die Regierung Neuseelands im wohl ungewöhnlichsten Gebäude des Landes. Eine Besichtigungstour des „Bienenkorbs" lohnt sich (s. S. 69).

16 Old St Paul's Church [D1]
Das hölzerne Bauwerk ist ein Vermächtnis der Kolonialzeit mit beeindruckenden Holzschnitzereien und handgefertigten Kirchenglasfenstern (s. S. 70).

17 Lambton Quay [C2]
Die Nobelshoppingmeile bietet edle Designerläden, das älteste Kaufhaus Wellingtons und ist eine gemütliche Flaniermeile zwischen alten viktorianischen und modernen Häuserfronten (s. S. 71).

20 Cable Car [C3]
Die rote Bahn ist das Wahrzeichen der Stadt und führt vom Geschäftsviertel auf die Aussichtsplattform im Stadtteil Kelburn (s. S. 72).

25 Cuba Street [C5]
Alternative Läden, Straßenmusiker und Kneipen machen die Cuba Street zum bunten Szene-Viertel, in dem das Leben pulsiert (s. S. 77).

31 Courtenay Place [D6]
Nachtschwärmer finden hier bis in die frühen Morgenstunden Spaß und Unterhaltung. Bei Film-Weltpremieren wird über den gesamten Courtenay Place zum legendären Embassy Theatre **32** der rote Teppich ausgerollt (s. S. 81).

35 Mount Victoria Lookout [G6]
Erst wenn man die unzähligen grünen Hügel und Buchten von oben begutachtet hat, erhält man einen Eindruck von der Vielseitigkeit und der außergewöhnlichen Geografie der Stadt (s. S. 83).

40 Weta Caves [ck]
Filmrequisiten, Fantasiehelden, Fankult: In diesem kleinen, spannenden Museum können Besucher einen Blick hinter die Kulissen der erfolgreichen Filmindustrie Wellywoods werfen (s. S. 87).

Leichte Orientierung mit dem cleveren Nummernsystem
Die Sehenswürdigkeiten der Stadt sind zum schnellen Auffinden mit **fortlaufenden Nummern** versehen. Diese verweisen auf die ausführliche Beschreibung **im Kapitel „Wellington entdecken"** und zeigen auch die genaue Lage **im Stadtplan**.

Auf ins Vergnügen

Wellington im Intensivdurchgang

Wellingtons Stadtbild ist dominiert von viktorianischen Gebäuden, die beeindruckend elegant zwischen modernen Hochhäuserfronten und hübschen Cottages aus der Siedlerzeit thronen. Dazu gesellen sich eine beeindruckende Kunstszene, die ausgeprägte Cafékultur und interessante Läden, die zum Bummeln einladen. All das macht Wellington zur quirligen Metropole und eindeutigen Kulturhauptstadt Neuseelands. Ob Nachtschwärmer, Kunstfreund, Sportler oder Gourmet, Wellington ist das perfekte Reiseziel für alle, die auch das entspannte Stadtleben in Neuseeland wirklich kennenlernen wollen.

Wellington im Intensivdurchgang

Oft eilt Wellington der Ruf der „Windy City", der vom Wind geplagten Stadt, voraus. Doch das pulsierende Herz der Metropole und seiner Menschen machen einen Besuch zum unvergesslichen Erlebnis.

Kaum ein Tourist wird, nur um Wellington zu besichtigen, die lange Flugreise nach Neuseeland in Kauf nehmen. Wer aber ohnehin durch Aotearoa – wie Maori das Land nennen – reist oder geschäftlich im Land zu tun hat, für den gehört Wellington zum absoluten Pflichtprogramm. In nur zwei Tagen kann man die Metropole von den schönsten und vielfältigsten Seiten kennenlernen.

◁ *Vorseite: Straßenkünstler in der Cuba Street* **㉕** *unterhalten Passanten*

▷ *Typisch Wellington – die Marina mit dem Mt Victoria im Hintergrund*

1. Tag: Kunst, Kultur und Kaufrausch – das Zentrum entdecken

Vormittags

Wellington kann man hervorragend zu Fuß erkunden. Ausgangspunkt für einen **Stadtspaziergang** sollte die obere **Cuba Street** **㉕** sein. Schon am Morgen haben die Cafés Hochkonjunktur. Nach einem reichhaltigen Frühstück im Olive Café (s. S. 30) oder dem Floriditas (s. S. 29) ist die perfekte Grundlage für den Stadtbummel geschaffen.

Das Stöbern lohnt sich, denn in den Boutiquen, Secondhand-, Trödel- und Musikläden findet man so manchen Schatz. Vorbei an der beliebten spritzenden **Bucket Fountain** (s. S. 77) führt der leicht abschüssige Weg durch die Fußgängerzone links in die Manners Street. Schlendernd sollte man rechts in die Victoria Street abbiegen. Wer am Abend ins Theater oder ein Konzert gehen möchte, kann einen Abstecher in das i-Site (s. S. 108), die Touristeninformation am **Civic Square** **❾**, unternehmen und sich nach dem aktuellen Veranstaltungsprogramm erkundigen und die Tickets gleich buchen. Hier gibt es auch schöne Souvenirs und Postkarten.

Durch die Mercer oder Bond Street kann man zur Willis Street hinüberschlendern. Wer noch Wanderausrüstung sucht, sollte im Bivouac Outdoor (s. S. 17) vorbeischauen. Dort gibt es häufig heruntergesetzte neuseeländische Merino- und Outdoorbekleidung. Entlang vieler Sport- und Surfshops bahnt man sich den Weg an den Schaufenstern der Modeketten vorbei in das Geschäftsviertel hinunter zum **Lambton Quay** **⓱**. Wer bislang beim Shoppen noch nicht das Richtige gefunden hat, sollte in die

Auf ins Vergnügen
Wellington im Intensivdurchgang

Old Bank Arcade ⓫ gehen. Neben etlichen Designerläden kann man hier eine antike goldene Uhr bestaunen, die zur vollen Stunde schlägt und historische Szenen zeigt. Am Lambton Quay ist zu dieser Tageszeit immer etwas los. Unter die zahlreichen Shopper mischen sich Businessleute, die sich zum Meeting im Café treffen.

Vorbei an der Statue von John Plimmer, dem „Vater Wellingtons", und seinem Hund Fritz ⓲ gelangt man zur Talstation des berühmten Wellingtoner **Cable Car** ⓴. Die Fahrt mit der roten Bahn bis zur Bergstation dauert nur wenige Minuten. Von hier oben hat man einen hervorragenden Blick auf die Stadt. Wer noch Zeit und Muße hat, kann ein wenig durch den **Botanischen Garten** ㉑ spazieren, bevor er mit der Seilzugbahn zur Talstation in das quirlige Hauptstadtleben zurückkehrt. Am besten holt man sich in einem der vielen Take-away-Läden oder Cafés eine Kleinigkeit zum Mittagessen und bahnt sich den Weg vorbei an den **Old Government Buildings** ⓬ und dem **Ehrenmal für die Gefallenen der beiden Weltkriege** ⓯ bis zum Park des Parlaments. Dort kann man dann ganz im Stil der Kiwis in den **Parliament Grounds** (s. S. 70) picknicken.

Nachmittags

Jeweils zur vollen Stunde beginnen die Führungen durch den **Beehive** ⓮, den Regierungssitz Neuseelands. Wer sich eher für Literatur interessiert, kann alternativ mit dem Bus 14 von der Molesworth Street zum Geburtshaus der berühmtesten Autorin Neuseelands fahren, dem **Katherine Mansfield Birthplace** (s. S. 37).

Anschließend lohnt sich in jedem Fall der Besuch der wunderschönen neugotischen Holzkirche **Old St Paul's** ⓰. Wer nun müde Füße hat und nicht den Lambton Quay zurückschlendern möchte, sollte den Bus zurück zum **Civic Square** ➒ nehmen. Vorbei an der **City Gallery** ➓ führt der Weg über die **City to Sea Bridge** ➑ hinunter zur **Waterfront** ➊. Direkt an der Lagune führt links ein Fußweg zur

> **Routenverlauf im Stadtplan**
> Der hier beschriebene Spaziergang ist mit einer farbigen Linie im Stadtplan eingezeichnet.

Auf ins Vergnügen
Wellington im Intensivdurchgang

Wasserfontäne ❻. Hier hat man sich ein Eis oder einen Kaffee redlich verdient. Entlang der Kaimauer schlendernd bietet sich die Gelegenheit, ein Sonnenbad zu nehmen und dem bunten Hafentreiben aus Skatern, Fußgängern und von den Bootsstegen springenden Jugendlichen zuzusehen. Folgt man der Küste, gelangt man an der **Kupe Statue** ❺ und der Skulptur „**Solace in the Wind**" ❸ hinter dem **Te Papa Tongarewa** ❷ zur Marina, zu den Bootsschuppen *(boat sheds)* und dann bis zur **Oriental Parade** [E/F5]. Der Besuch des Nationalmuseums lohnt sich auch, wenn man nur wenig Zeit hat. Unterschiedliche Ausstellungen bieten viele Eindrücke und Objekte zum Anfassen und Ausprobieren – ganz ohne Eintritt. Bei schönem Wetter sollte man einen Spaziergang oder eine Fahrt mit einer der lustigen **Krokodil-Rikschas** (s. S. 114) bis zum **Oriental Beach** (s. S. 119), dem Stadtstrand von Wellington unternehmen. Wer anstelle zu baden lieber noch im Hafen **kajaken** oder beispielsweise **rollerbladen** (s. S. 120) möchte, ist hier ebenfalls richtig.

Abends

Mit der Konzert- oder Theaterkarte für den Abend in der Tasche ist es sinnvoll, direkt im Hafen zu Abend zu essen. Den Sonnenuntergang am Wasser kann man am besten im **Dockside** (s. S. 26), bei **Martin Bosley's** (s. S. 26) oder im **Foxglove** (s. S. 26) bestaunen. Die Wahl des Lokals hängt vom eigenen Geschmack und Budget ab. In allen Lokalen ist die Abendatmosphäre durch die beleuchtete Skyline mit den Hunderten von Lichtern auf den Hügeln fantastisch und der Weg zurück zur Kulturveranstaltung in **Te Aro** oder ins Nachtleben der vielen Pubs, Bars und Nachtklubs am **Courtenay Place** ㉛ nicht weit.

2. Tag: Eintauchen in Filmwelt und Buchten der Halbinsel Miramar

Vormittags

Mit einem Bus der Linien 2, 18, 31 oder dem Mietfahrzeug geht es von der Innenstadt am Basin Reserve vorbei durch den Mt-Victoria-Tunnel in Richtung **Miramar**. Die Route ist gut ausgeschildert und führt vorbei am Flughafen zur bildhübschen na-

◁ *Gemütliches Essen im netten Kreis – Wellington hat zahlreiche gute Restaurants für jeden Geschmack zu bieten*

türlichen Halbinsel. Ausgangspunkt ist das legendäre **Roxy Cinema** ❼ am Anfang der Park Road (Bushaltestelle Park Road 6233). Auch Autofahrer biegen links in die Park Road ab und finden dort ausreichend Parkplätze entlang der Straße. Wer noch nicht gefrühstück hat, findet im Coco im Kinofoyer verschiedene Angebote auf der Speisekarte. Ein Rundgang durch das Kino vermittelt erste Einblicke in die Arbeit der ansässigen Filmindustrie und der Kreativität des Weta Workshops ❽, der das Kino ausgestattet hat. Zu Fuß geht es die Park Road entlang. Viele der unauffälligen Hallen entlang der Straße dienen den Künstlern als Studios oder sind als Lagerräume für Requisiten, Bühnenteile oder Equipment im Einsatz. Ein eher unauffälliges Auge sollte man beim Vorbeigehen auf **Park Road Post Production** ❾ werfen, die edle Postproduktionseinrichtung von Peter Jackson. Am Ende der Straße nach rechts gelangt man auf die Camperdown Road, in der sich der **Weta Workshop** ❿, das **Filmmuseum Weta Caves** ⓫ sowie die neue Ausstellung **Window into Workshop** (s. S. 57) befinden. Die Filmvorführung im kostenlosen Museum bietet einen fantastischen Blick hinter die Kulissen der Filmproduktion und Insiderwissen zur Arbeit der Profis. Um sich dann zur Mittagszeit selbst unauffällig unter die Filmschaffenden zu mischen, kann man sich zum Lunch wie viele der zahlreichen Mitarbeiter von Weta Digital ins **Restaurant Larder** (s. S. 87) setzen und heimlich die Ohren spitzen.

Nachmittags

Frisch gestärkt sollte man sich nun auf die Entdeckungsreise zur schönen Wellingtoner Küste begeben. Mit dem eigenen Fahrzeug hat man die beste Voraussetzung, die gesamte Küste der Halbinsel zu umrunden. Wenn man auf öffentliche Verkehrsmittel angewiesen ist, bietet sich ein interessantes Alternativprogramm (s. u.). Zunächst fährt man von der Darlington Road links in die Awa Road den Berg hinauf. Sobald man über die Kuppe gelangt, windet sich die enge Straße den Berg hinab nach **Seatoun** ⓭. Hier, ganz in der Nähe von Peter Jacksons Wohnhaus, nahm der Regisseur die Fluchtszene mit Michael J. Fox für „The Frighteners" auf.

Wer dann links in die Karaka Bay Road abbiegt, gelangt auf die bezaubernde Küstenstraße in Richtung **Scorching Bay** ⓬. Der dortige Strand ist ein absoluter Tipp. Hier kann man sich in der wunderschönen weißen Sandbucht ausruhen oder baden. Ein kühles Eis im **Scorch O Rama** (s. S. 88) in der Sommerhitze macht den Nachmittag perfekt. Auf der Rückfahrt in die City empfiehlt es sich dann, dem Weg entlang der Küstenstraße weiter bis in die Shelly Bay ⓫ zu folgen. Neben dem fantastischen **Chocolate Fish Café** (s. S. 88) mit seinen frischen Grillspezialitäten finden Kunstfreunde hier einige Galerien und Künstlerstudios.

Wer auf die öffentlichen Verkehrsmittel angewiesen ist, sollte dieses Alternativprogramm für den Nachmittag planen: Ein Besuch des Surfstrandes in der **Lyall Bay** ⓮ bringt Entspannung und Abkühlung. Von Miramar aus fahren die Buslinien 2, 18 und 24 bis zur Haltestelle am ASB Sports Centre. Dort steigt man am besten in die Linien 3 oder 6 um, welche direkt bis zum Strand der Lyall Bay fahren. Baden, den Surfern beim Wellenreiten zusehen oder im Maranui Surf Club entspannen ist Erho-

Auf ins Vergnügen
Wellington im Intensivdurchgang

lung für Körper und Seele. Wer selbst eine Surfstunde nehmen will oder sich ein Brett leihen möchte, findet die Surfschule gleich gegenüber vom Strand (s. S. 120). Die Rückfahrt mit dem Bus in die Innenstadt dauert nur knapp 20 Minuten.

Abends

Ganz im Zeichen von Film, Stars und Sternchen sollte man auch den Abend gestalten. Dafür bietet sich ein Abendessen im **In-Restaurant Matterhorn** (s. S. 27) in der Cuba Street ㉕ an. Das Matterhorn war eines der Lieblingslokale vieler Schauspieler aus den Tolkien-Verfilmungen und der Crew von „King Kong" und ist zudem offiziell mehrfach als eines der besten Lokale ausgezeichnet worden. So zählt es beispielsweise zu den Top 50 der „Cuisine Best Restaurant Awards". Wer Lust auf Kino hat, sollte sich vorab noch Karten für die Abendvorstellung im legendären **Embassy Theatre** ㉜ holen. Ob Blockbuster, Kinoklassiker oder Alternativfilm bleibt der eigenen Geschmacksrichtung überlassen. In jedem Fall sollte man das historische Gebäude bei dem Besuch unter die Lupe nehmen. Wenn die anderen Gäste auf einmal während des Filmes applaudieren oder anfangen, kostümiert in den Gängen zu tanzen, ist das nur ein weiteres Beispiel für die Lebenslust und den Kiwi-Lifestyle. Für Nachtschwärmer empfiehlt sich im Anschluss an die Vorstellung noch ein Drink in der Lounge-Bar des Embassy oder der versteckten **Motel Bar** (s. S. 32). Hier haben schon Frodo, Legolas und die Hobbits kräftig gefeiert. Nach diesem Tag träumt man mit Sicherheit selbst vom nächsten Abenteuer in Wellywood, dem Herz von „Mittelerde" (s. S. 53).

Das Embassy Theatre ㉜ wurde für die Weltpremieren einiger Blockbuster aus Wellywood liebevoll restauriert

Das gibt es nur in Wellington

› **Robben** in der Stadt: Auch wenn es zunächst recht ungewöhnlich klingt, Wellington hat sogar seine eigene wilde Robbenkolonie in der Nähe der **Red Rocks**. Von der City aus fährt man mit dem Auto auf die Verlängerung der Willis Street ⓳, die Brooklyn Road, den Berg hinauf. Wer der Straße folgt, gelangt in die Ohiro Road, welche schließlich zur Happy Valley Road wird und direkt in die Owhiro Bay führt. Hier beginnt der Küstenwanderweg zu den Red Rocks. Alternativ kann man auch den Bus Nummer 4 vom Courtenay Place ㉛ aus nehmen, welcher über die Island Bay zur Owhiro Bay fährt (Haltestelle Owhiro Bay Parade - Happy Valley Road). Wer am südlichen Ende der Sandbucht dem geschotterten Weg folgt, gelangt in rund 45 Minuten zu den roten Felsformationen. Sie entstanden durch Unterwasservulkanausbrüche, Eisenoxid verleiht ihnen ihre rote Farbe. Ganz in der Nähe befindet sich die Robbenkolonie, in der vor allem von Mai bis Oktober dauerhaft Tiere leben. Aber Vorsicht! So niedlich die Pelzrobben auch aussehen, ebenso scharfe Zähne haben sie. Ein 10-Meter-Sicherheitsabstand muss eingehalten werden, um die Wildtiere nicht zu stören. Tipp: Nur an Sonntagen dürfen hier keine Fahrzeuge fahren, dann kann man ungestört wandern. Oder wer nicht selbst die ganze Strecke laufen möchte, kann auch mit Seal-Coast-Safari eine Tour buchen (www.sealcoast.com).

› Wellingtons **Cafészene** ist wahrlich außergewöhnlich. Die kleine neuseeländische Stadt hat pro Kopf gesehen mehr Cafés als die Millionenmetropole New York. Das Kaffeetrinken (gern auch zum Mitnehmen im Take-away-Becher) und das Kaffeerösten haben in der Landeshauptstadt wahrlich Kultur. Selbst viele geschäftliche Meetings werden in öffentlichen Cafés abgehalten. Ob am Morgen, mittags oder nachmittags, eine gute Tasse Kaffee darf nicht fehlen. Auch die Kaffeevariationen sind extrem vielfältig (s. S. 25).

› Eine erfolgreiche **Filmindustrie ohne große beweihräuchernde Schilder,** keine Wachleute vor den Toren der Filmstudios und Hollywood-Schauspieler, die ohne Bodyguard in Cafés, Restaurants und Bars gehen wie normale Bürger - das gibt es wahrlich nur in Wellington. Nach der guten, bescheidenen Kiwi-Art sind die Fans zurückhaltend und rücksichtsvoll und die Filmbranche selbst immer noch recht unbesorgt. Wo in Hollywood Movie-Parks mit teurem Eintritt stehen, findet man in Wellywood Filmlocations, Filmleute und Requisiten zum Ansehen und Anfassen, und das sogar ohne Eintritt bezahlen zu müssen (mehr über Wellingtons Filmindustrie s. S. 53).

006we Abb.: as

Wellington für Citybummler

„Absolutely Positively Wellington" ist der nur allzu passende Name der örtlichen Tourismusbehörde. Wellington ist die Hauptstadt Neuseelands, Regierungssitz, Kunst- und Kulturhochburg, aber dennoch klein und sicher. Das Zentrum der Stadt vereint die wichtigsten Sehenswürdigkeiten auf engem Raum. Am besten sollte man daher die Innenstadt zu Fuß erkunden. Ein konkreter Vorschlag für einen Stadtbummel durch die verschiedenen Viertel von Wellington befindet sich auf Seite 8.

Die **Innenstadt** von Wellington gliedert sich in das Freizeit- und Erholungsareal um die Waterfront ❶ und den Mount Victoria Park ㉝. Neben Museen und Veranstaltungshäusern kann der Besucher hier das bunte Hafenleben beobachten oder selbst einer sportlichen Aktivität nachgehen. Das Flair der Stadt am Wasser und die Lebensfreude der Wellingtonians pulsieren an sonnigen Tagen zu jeder Jahreszeit. Das **Geschäftsviertel** und der Sitz der neuseeländischen Regierung befinden sich im Lambton Quarter. Zwischen den Häuserschluchten aus historischen und modernen Gebäuden treiben die quirligen Massen an den Gehsteigen vor den edlen Boutiquen und Geschäften am Lambton Quay ⓱. Das berühmte Wellingtoner Cable Car ⓴ hat in der Straße seine Talstation. Viele Business-Hotels haben sich in der Gegend um den Lambton Quay angesiedelt.

Das **Cuba Quarter** lagert sich um sein Herzstück, die beliebte, lebhafte Cuba Street ㉕. Zahlreiche alternative kleine Geschäfte wie Musikläden mit alten Schallplatten oder Secondhandshops mit Designermode, Cafés, Straßenmusiker und Artisten machen die Cuba-Street-Szene aus – hier ist alles bunt und kreativ.

Das Nachtleben spielt sich im **Unterhaltungs- und Vergnügungsviertel rund um den Courtenay Platz** ㉛ ab. Wer Wellingtons Kultur-Eldorado entdecken möchte, findet hier vom traditionellen Theater bis zum modernen Kino und vom Klassikkonzert bis zum Gig der angesagtesten Bands garantiert die richtige Abendunterhaltung. Internationale Stars treten in kleinen Klubs auf und für Fans bietet sich die Gelegenheit des hautnahen Kontakts in familiärer Atmosphäre. Viele Bars, Pubs und Nachtklubs haben bis in die frühen Morgenstunden geöffnet. Hier steht das Leben niemals still.

◁ *Alt und neu – verschiedene Architekturstile werden in Wellington unbekümmert gemischt*

Wellywood und der Filmtourismus ziehen jährlich Tausende von Besuchern an. Obwohl es in der Stadt einige Orte gibt, die für Filmfans interessant sind (s. S. 57), ballt sich die Filmindustrie selbst auf der Halbinsel Miramar. Ob per organisierter Tour oder in Eigenregie, Wellingtons Filmszene ist im Gegensatz zu der in Hollywood weniger anonym und für Filmfreaks bieten sich immer wieder eindrucksvolle Blicke hinter die Kulissen der Leinwand-Epen.

Wem das Stadtleben über den Kopf wächst, der sollte unbedingt die äußeren Stadtteile und das **Umland von Wellington** erkunden. Imposante Küsten (s. S. 97) und ein außergewöhnliches Tierleben (Zealandia, s. S. 75) in so geringer Distanz zum Stadtkern findet man weltweit nur selten.

Wellington für Kauflustige

Wer gerne einkauft oder bummelt, ist in Wellington goldrichtig. Die Einkaufsstraßen liegen alle kompakt mitten im Zentrum. Je nachdem ob man eher nach Edel-Boutiquen und Designerstores sucht, nach Surf- und Outdoorbekleidung oder nach bunter Secondhandmode, verteilen sich die entsprechenden Läden in Wellington auf diese drei Shoppingmeilen: Lambton Quay ⑰, Willis Street ⑲ und Cuba Street ㉕. Außerdem gut zu wissen: Egal wo man sich befindet, ein gemütliches Café oder das passende Restaurant sind nie weit.

Kunst, Musik, ausgefallene Kleidung und schräge Secondhandwaren findet man garantiert entlang der **Cuba Street** ㉕, einer lebhaften, teilweise als Fußgängerzone eingerich-

EXTRATIPP

Thematische Spaziergänge durch die Stadt

Die Touristeninformation i-Site (s. S. 108) hält informative Broschüren zu folgende Walks und Trails bereit:

› Wer sich für Literatur und Poesie interessiert, sollte den **Writer's Walk** entlang der Waterfront ❶ wählen. Hier werden auf Tafeln, an Bänken und Planken 19 bedeutende neuseeländische Autoren vorgestellt – ein interessanter Einblick in die Welt der Schriftsteller des 19., 20. und 21. Jahrhunderts.

› Der **Heritage Trail** behandelt die uralte Geschichte der Region, welche weit über die Ankunft der Siedler Anfang des 19. Jahrhunderts und die eigentliche Stadtgründung zurückreicht. Denn schon viele Jahrhunderte vorher besiedelten Maori die Buchten, lebten aus den fischreichen Gründen des Hafens und bestatteten ihre Toten auf den Hügeln an der Küste. Wo diese sogenannten Pa-Sites, ehemalige Maori-Siedlungen, liegen und welche Areale besichtigt werden können, erklärt die Broschüre Te Ara o Nga Tupuna.

› **Maritime Heritage Trail:** Wellingtons natürliches Hafenbecken war bereits in den frühen Anfängen der Stadt ein wichtiger Platz des Handels und des Lebens der Bürger. Die heutige Küstenlinie ist jedoch bei Weitem nicht mehr dieselbe wie die der frühen 1940er-Jahre. Auf dieser Tour begibt man sich wahrlich auf eine Zeitreise in die Vergangenheit der Hafenarbeiter, von Paddy the Wanderer (s. S. 39) und der Dampfschiffe, die einst im Hafen von Wellington lagen.

Wellington für Kauflustige

teten Einkaufsmeile. Die Cuba Street ist die richtige Adresse für den kleineren Geldbeutel, für junge Leute und alle, die etwas wirklich Ausgefallenes suchen – sei es die seltene alte LP der Lieblingsband oder ein Kleidungsstück, mit dem man garantiert aus der Masse heraussticht. Auch einige flippige Jeans- und Surf-Läden sowie kleinere Modemacher haben sich zwischen Bars, Nachtklubs und unzähligen Cafés gut etabliert.

Wer auf der Durchreise ist und weitere Naturabenteuer in Neuseeland plant, für den ist die **Willis Street** ⓭ die richtige Adresse. Hier liegen dicht gedrängt Surf- und Skatershops sowie einige gut sortierte Outdoorläden, die von Wanderbekleidung bis zur Campingausrüstung alles anbieten, was man bei Freizeitaktivitäten unter freiem Himmel gut gebrauchen kann.

Der **Lambton Quay** ⓱ ist die Bummelmeile für Extravaganz der oberen Preisklasse. Neben einigen gewöhnlichen Geschäften der neuseeländischen Modeketten findet man hier Designermode in stilvollem Ambiente. Ob Juwelier, italienisches Designer-Label oder Parfümerie, das Geschäftsviertel ist vollgestopft mit Boutiquen und Markennamen.

Die Vielseitigkeit macht einen Einkaufsbummel interessant, deshalb empfiehlt es sich, in jede Straße hineinzuschnuppern. Selbst müde gelaufene Füße und mit Tüten bepackte Arme schaffen die Distanz ohne Probleme – Wellington ist praktisch und kompakt!

Shoppingareale
Die wichtigsten Shoppingbereiche der Stadt sind im Kartenmaterial mit einer rötlichen Fläche markiert.

Warenhäuser

🛍1 [C5] **Farmers**, 94–102 Cuba Mall, Tel. 3843969, www.farmers.co.nz, geöffnet: Mo.–Do. 9–17.30 Uhr, Fr. 9–19 Uhr, Sa. 9.30–17 Uhr, So. 10–17 Uhr. Farmers ist die klassische neuseeländische Kaufhaus-Kette des Mittelstandes. Hier gibt es alles von Bekleidung über Geschirr- und Küchenwaren bis hin zu Spielzeug.

🛍2 [C2] **Kirkcaldie & Stains**, 165–177 Lambton Quay, Tel. 4725899, www.kirkcaldies.co.nz, geöffnet: Mo.–Do. 9.30–17.30 Uhr, Fr. 9.30–18 Uhr, Sa./So. 10–17 Uhr. Mit gut 150 Jahren das älteste viktorianische Kaufhaus Wellingtons, Markenshopping auf drei Etagen und ein Café zum Ausruhen.

🛍3 [D6] **Warehouse**, 133 Tory Street, Tel. 3853668, www.thewarehouse.co.nz, geöffnet: tägl. 8.30–20 Uhr. Es ist leuchtend rot und eine echt neuseeländische Erfindung. Das Warehouse ist eine Mischung aus Warenlager und Kaufhaus. Hier gibt es fast alles in Abteilungen, die von Gartenprodukten über Grundnahrungsmittel bis hin zu Sportartikeln alles abdecken. Ein Erlebnis wert …

◰ *Einkaufen auch für ausgefallene Wünsche in der Old Bank Arcade* ⓫

Auf ins Vergnügen **17**
Wellington für Kauflustige

Neuseeländische Designer-Label

Die Mode in Neuseeland hat meist einen ganz eigenen Stil. Wer sich wagt, mal etwas anderes auszuprobieren und nicht mit der Masse zu schwimmen, sollte nach diesen neuseeländischen Designer-Labels suchen. Die innovativen Modemacher aus Aotearoa bieten extravaganten Stil und arbeiten oft mit natürlichen Fasern aus Neuseeland. Bekannte heimische Designer sind u.a.: Huffer, Karen Walker, Kate Sylvester, Nom*D, Trelise Cooper, World, Zambesi, Deborah Sweeney und Alexandra Owen.

🛍4 [C5] **Area 51**, Ecke Cuba und Dixon Street, Tel. 3856590, geöffnet: Mo.–Do. 9.30–17.30 Uhr, Fr. 9.30–18 Uhr, Sa. 10–17 Uhr, So. 11–17 Uhr. Der trendige In-Store hat viele nationale und internationale Marken für Frauen und Männer im Programm. Hier bekommt man unter anderem Huffer-Bekleidung.

🛍5 [C4] **Karen Walker**, 126 Wakefield St, Tel. 4993558, www.karenwalker.com, geöffnet: Mo.–Fr. 10–18 Uhr, Sa. 10–17 Uhr, So. 11–16 Uhr. Der Designer-Laden für Frauen bietet alles von Bekleidung über Schuhe bis hin zu Schmuck und Accessoires wie Sonnenbrillen oder Handtaschen – trendige Mode für Alt und Jung.

🛍6 [C3] **Zambesi**, 107 Customhouse Quay, Tel. 4723638, www.zambesi.co.nz, geöffnet: Mo.–Do. 9.30–18 Uhr, Fr. 9.30–20 Uhr, Sa. 10–17 Uhr, So. 11–16 Uhr. Das Damen- und Herren-Designer-Label ist eines der ältesten neuseeländischen Designer-Labels und wurde 1979 von Elisabeth und Neville Findlay etabliert. Clevere Details und ästhetische Linien sind das Markenzeichen von Zambesi. Im Shop gibt es auch Bekleidung des Schwester-Labels Nom*D.

Outdoorausrüstung

🛍7 [C4] **Bivouac Outdoor**, 39 Mercer St Ecke Willis St, Tel. 4732587, www.bivouac.co.nz, geöffnet: Mo.–Do. 9–17.30 Uhr, Fr. 9–18.30 Uhr, Sa.

KURZ & KNAPP

Konfektionsgrößen

In Neuseeland und Australien werden meist andere Bekleidungsgrößen verwendet als in Mitteleuropa. Die Liste zeigt, welche Größen den deutschen Maßen entsprechen. Bei Schuhen sind jedoch je nach Herstellungsland (USA, England, Italien, China, Australien) unterschiedliche Angaben im Umlauf. Die Verkäufer im Geschäft helfen weiter.

Damenmode:

Deutschland	34	36	38	40	42	44	46
Neuseeland	6	8	10	12	14	16	18

Herrenmode:

Deutschland	44	46	48	50	52	54	56
Neuseeland	87	92	97	102	107	112	117

Baby- und Kinderbekleidung:

Deutschland	50/56	62	68	74	80	86/92	98
	104	110	116	122	128	134	140
Neuseeland	0000	000	00	0	1	2	3
	4	5	6	7	8	9	10

Wellington für Kauflustige

10–17 Uhr, So. 10–16 Uhr. Das Outdoorfachgeschäft ist die beste Adresse für alle Sportler und Wanderer, die sich nicht auf eine Marke festlegen wollen. Hier werden alle Top-Brands angeboten, unter anderem die neuseeländische Firma Icebreaker, deren Produkte aus echter inländischer Merinowolle gefertigt werden.

🔒8 [C4] **Kathmandu,** Willis St 1 und Willis St 57, Tel. 4720113 und 8945130, www.kathmandu.co.nz, geöffnet: Mo.–Do. 9–17.30 Uhr, Fr. 9–19 Uhr, Sa. 10–17 Uhr, So. 10–16.30 Uhr. Bei Kathmandu gibt es alles, was das Outdoorherz begehrt. Die neuseeländische Marke bietet eine große Auswahl an Wander- und Campingausrüstung, wie Schuhe, Jacken, Zelte, Trinkflaschen oder Schlafsäcke. Der Standort in der Willis Street 57 ist ein Outlet auf zwei Etagen.

🔒9 [C4] **MacPac,** 42–52 Willis St, Tel. 8016240, www.macpac.co.nz, geöffnet: Mo.–Do. 9–18 Uhr, Fr. 9–18.30 Uhr, Sa. 10–17 Uhr, So. 10–16 Uhr. MacPac ist eine neuseeländische Outdoormarke, die Qualitätsprodukte für Wanderer und Camper anbietet. Ob Zubehör oder Bekleidung, hier kann man sich für jedes Outdoorabenteuer rüsten.

Surf & Skate

🔒10 [C3] **Amazon,** Shop 222, Lambton Quay, Tel. 4940034, www.amazonsurf.co.nz, geöffnet: Mo.–Do. 9–17.30 Uhr, Fr. 9–19 Uhr, Sa./So. 10–17 Uhr. Der Surfshop hat auch typische Skater-Mode aller bekannten Marken. Trendige Sport- und Freizeitkleidung sowie Schuhe für Teens, Frauen und Männer.

🔒11 [C5] **CheapSkate,** 60 Cuba St, Tel. 4990455, www.cheapskates.co.nz, geöffnet: Mo.–Do. 9–18 Uhr, Fr. 9–20 Uhr, Sa./So. 10–17 Uhr. Der trendige Sportladen konzentriert sich auf Bekleidung, Schuhe, Accessoires und Ausstattung für Skater, Surfer, Snowboarder und Skifahrer. Gute und günstige Markenartikel und Eigenware.

🔒12 [C5] **Surf 'n' Snow,** 45 Cuba St, Tel. 4733371, www.surfsnow.co.nz, geöffnet: Mo.–Do. 9–18 Uhr, Fr. 9–20 Uhr, Sa. 10–17 Uhr, So. 11–17 Uhr. Hipp, jung und sportlich – dieser Laden hat sich auf Surf- und Schneesportbekleidung spezialisiert und führt viele internationale Labels. Hier gibt es auch alle nötigen Accessoires und Sportausrüstung für Surfer, Snowboarder und Skifahrer.

Secondhandläden

🔒13 [C6] **Eva's Attic,** 174 Cuba St, Tel. 3813474, www.evasattic.co.nz, geöffnet: tägl. 11–17 Uhr, Schnäppchen-Abteilung Do.–So. 11–17 Uhr. Neuseeländische Designer-Labels zum erschwinglichen Preis, Damen- und Herrenbekleidung und vieles mehr. Der Schnäppchenmarkt im ersten Stock bietet Waren schon ab $5. Die Einnahmen werden für gute Zwecke gespendet.

🔒14 [C6] **Paper Bag Princess,** 209 Cuba St, www.paperbagprincess.co.nz, Tel. 3813737, geöffnet: Mo.–Fr. 10–18 Uhr, Sa. 10–16 Uhr, So. 11–16 Uhr. Secondhandbekleidung, -schuhe und -accessoires für Damen. Einzelstücke, Modelabels und Stile aus unterschiedlichen Kulturen. Hier findet man erstklassige Ware in jeder erdenklichen Farbe und Form.

🔒15 [C6] **Recycle Boutique,** Vivian Street Ecke Cuba Street, Tel. 9162020, www.recycleboutique.co.nz, geöffnet: Mo.–Fr. 9.30–18 Uhr, Sa. 10–17 Uhr, So. 11–16 Uhr. Dieser edle Secondhandshop verkauft nichts, was älter als 2 Jahre ist. Designer-Labels und klassische Bekleidung, Schuhe und Accessoires für Damen und Herren jeden Alters.

Wellington für Kauflustige

Souvenirs

Die meisten Souvenirs sind nicht allzu kitschig und werden in Neuseeland produziert. Allerdings gibt es auch einige billige asiatische Imitate, die Nachfrage lohnt sich. Eine schöne Auswahl an Schmuckwaren, aus Muscheln und Kauriholz gearbeitete Souvenirs und Jadeprodukte sowie Waren aus Merino- und Possumwolle findet man im i-Site (s. S. 108), der Touristeninformation am Civic Square ❾ und im Te Papa Store, welcher an das Nationalmuseum ❷ angegliedert ist. Wer etwas Außergewöhnliches sucht, könnte hier fündig werden:

🔒16 [C5] **Abstract Designs,** 125 Cuba St, Tel. 3857511, www.abstractdesign.co.nz, geöffnet: Mo.–Do. 9.30–18 Uhr, Fr. 9.30–20 Uhr, Sa. 9–17.30 Uhr, So. 11–16 Uhr. Ob Lolly, Kettenanhänger oder Kauribrett – dieser Laden verkauft Waren, die alle in Wellington gefertigt wurden.

🔒17 [bk] **Sheepskin Warehouse,** 312 Evans Bay Parade, Great Point, Tel. 3863376, geöffnet: Mo.–Sa. 10–17.30 Uhr, So. 11–17 Uhr. Die Produkte werden in einer alten Lagerhalle verkauft, die außerhalb des Zentrums liegt. Hier gibt es preiswerte Schaf-, Woll- und Kosmetikprodukte sowie viele landestypische Accessoires ganz im Neuseelandstil.

🔒18 [cl] **Souvenir Factory Shop,** 32 Tauhinu Road, Miramar, Tel. 3809689, www.souvenirfactoryshop.co.nz, geöffnet: Mo.–Fr. 9–17 Uhr, Sa./So. 10–16 Uhr. Dieser Souvenirladen liegt im Industriegebiet. Der Outlet-Store für Souvenirjäger bietet typische Neuseelandandenken zum günstigen Preis. Der Weg lohnt sich, die Filmstudios liegen um die Ecke.

Supermärkte und Liquor Stores

Wer als Selbstversorger unterwegs ist, kann auch im Stadtzentrum problemlos Lebensmittel bekommen. Viele Convenience Stores und *dairies* (Tante-Emma-Läden) bieten Milchprodukte, Brot und sonstige Grundnahrungsmittel an. Die Preise hierfür sind jedoch recht hoch. Wer günstiger und frischer einkaufen möchte, sollte bei einer der Supermarktketten wie beispielsweise Pak'n Save, Countdown, 4 Square und New World shoppen.

🔒22 [E5] **New World Supermarket,** 279 Wakefield St, www.newworld.co.nz, Tel. 3848054, geöffnet: tägl. 7–24 Uhr. Frische Qualitätsprodukte in großer Auswahl. Ob Fisch, Fleisch, Gemüse oder Snacks, New World ist gut sortiert und hat auch etliche typisch europäische Produkte im Sortiment.

Erst seit 1999 sind **alkoholische Getränke** wie Bier und Wein auch in neuseeländischen Supermärkten erhältlich. Wer jedoch stärkere Spirituosen

△ *Handgearbeitete Maori-Kunstwerke sind wunderschöne Andenken*

Wellington für Kauflustige

KURZ & KNAPP

Typisch neuseeländische Produkte
Neuseelands unberührte Landschaften bringen viele interessante Naturwaren hervor. Wer nach einem besonderen Souvenir sucht, sollte eines der vielen landestypischen Produkte wählen. Die Kreativität der Neuseeländer bei der Gestaltung und Bearbeitung ihrer natürlichen Ressourcen kennt keine Grenzen. Besonders beliebt sind als Andenken nützliche Possum- und Merinowollprodukte. Kuschlig warme und weiche Pullover, Mützen und Handschuhe begeistern viele Europäer und landen bei der Rückreise im Koffer. Faszinierend ist auch die oft handflächengroße **Paua-Shell.** Von außen ist die große Muschel unscheinbar grau und voller Kalkablagerungen, doch innen schillert sie in den schönsten Blau- und Regenbogenfarbtönen wie Perlmutt. Als Schale, Schmuck oder Anhänger ist sie ein beliebtes Souvenir. Auch Pounamu, genannt **Greenstone** und auf Deutsch als Jade bekannt, wird zu Souvenirware verarbeitet und ist typisch für Aotearoa. Zudem werden Symbole aus Flora und Fauna wie beispielsweise der Silberfarn in Keramik gearbeitet. Wer sich als Erinnerung etwas Bleibendes für den täglichen Bedarf kaufen möchte, sollte sich für eines der wunderschön aus bis zu 50.000 Jahre altem Sumpfkauriholz geschnitzten Brettchen oder Accessoires entscheiden. Die Urwaldriesen wurden vor Jahrtausenden durch Wirbelstürme entwurzelt und fielen in Moore. Aufgrund des fehlenden Sauerstoffs im Morast blieb das Holz aus der Urzeit erhalten und sieht nach der Bergung aus, als ob es gerade erst gefällt worden wäre. Das Holz dieser **Kauribäume** ist älter als die Pyramiden in Ägypten. Es wird zu nützlichen Produkten verarbeitet und ist eine besondere Erinnerung an ein besonderes Land. Auch Flachsprodukte wie Taschen oder Wandbehänge werden von Maori seit Jahrhunderten handgefertigt. Vergänglich, aber wunderbar für die Gesundheit geeignet, ist die große Auswahl an heilendem **Manuka-Honig.** Die Heilkraft des wissenschaftlich nachgewiesen antiseptisch wirkenden Honigs ist nach dem Wirkungsgrad in Aktivitäten gegliedert – je höher die Zahl, desto wertvoller und teurer das Produkt. Manuka-Honig hilft sogar gegen antibiotikaresistente Bakterien und einige Viren. Verarbeitet wird der Honig, wie auch viele Algen und Bestandteile aus heimischen Pflanzen, zu fantastischen Kosmetikprodukten aus Neuseelands Natur- und Meereswelt. Achtung, Manuka-Honig darf nicht im Handgepäck mitgenommen werden, weil er bei den Sicherheitsbestimmungen unter die Kategorie „Gels und Flüssigkeiten" zählt, von denen jeweils nicht mehr als 100 ml im Passagierraum mitgeführt werden dürfen.

kaufen möchte, muss in sogenannte Liquor Stores gehen. Auch Moore Wilsons (s. S. 22) bietet in seiner Spirituosenabteilung eine große Auswahl.

Gut sortiert und zentral gelegen sind beispielsweise die folgenden beiden Stores:

🔒**23** [D6] **Liquor King,** 27–29 Kent Terrace, Tel. 3813951, www.lk.co.nz, geöffnet: Mo./Di. 12–21 Uhr, Mi. 12–22 Uhr, Do. 10.30–22 Uhr, Fr./Sa. 10.30–23 Uhr, So. 13–21 Uhr. Der Liquor Store gehört zu einer nationalen Kette und bietet viele gängige Marken und typische alkoholische Getränke an.

🔒**24** [B6] **The Mill Liquorsave,** 233 Victoria St, Tel. 8018805, www.themill.co.nz, geöffnet: Mo. 10–20 Uhr, Di. 9–20 Uhr, Mi.–Sa. 9–22 Uhr, So. 11–19 Uhr. Biersorten aus aller Welt, Weine und Spirituosen, die neuseeländische Kette bietet alkoholische Getränke auch gekühlt an.

Auf ins Vergnügen
Wellington für Kauflustige

EXTRATIPP

Lokale Künstler und ihre Werke

In Neuseeland gibt es eine eingeschworene Kunstszene und viele Maler und Töpfer, die sich mit ihrer kreativen Arbeit auch tatsächlich den Lebensunterhalt verdienen. Einige der Werke werden zu hohen Preisen gehandelt und Künstler, deren Namen für Europäer (noch) gänzlich unbekannt sind, finden viele Anhänger. Wer sich für Kunst interessiert, findet auch in Wellington zahlreiche kleine Galerien, in denen die Künstler ihre Werke ausstellen und zum Kauf anbieten. Ob Ölgemälde auf Leinwand, Keramikarbeiten oder klassische Drucke, in die Szene hineinzuschnuppern ist gänzlich kostenlos. Oft ist an die Galerie auch das Studio angegliedert, sodass man vielen Kunstschaffenden sogar über die Schulter blicken und mit ihnen ins Gespräch kommen kann. Siehe auch S. 40 unter **Arts Trail**.

- 19 [ck] **Blackmore & Best Gallery**, Massey Road, Shelly Bay, Tel. 3882357, 0212988743, http://janeblackmore.com, geöffnet: nach telefonischer Vereinbarung. Jane Blackmore und Juliet Best, die auf Ölgemälde spezialisiert sind, haben den Workshop und ihre Galerie kombiniert. Viele der Leinwände mit typischen neuseeländischen Motiven werden auch verkauft.
- 20 [am] **Michael McCormack Studio Gallery**, 355 The Parade, Island Bay, Tel. 9399620, geöffnet: Mi.-Fr. 10-17 Uhr, Sa. 10-16 Uhr, So. 12-15 Uhr. Der aus Irland eingewanderte Künstler wird in Wellington von vielen Kunstliebhabern umschwärmt. Seine Gemälde konzentrieren sich auf typische Wellington-Motive, Häuser an Hängen, farbenfrohe Strandszenen, Bush-Wald. Sein Studio ist an die Galerie angegliedert und oft sitzt er mit seiner Staffelei auch einfach mitten in Wellington und malt.
- 21 [C5] **Suite Gallery**, 147 Cuba Street, 2. Stock, Tel. 9767663, www.suite.co.nz, geöffnet: Mi.-Fr. 11-17 Uhr, Sa. 11-16 Uhr und nach Vereinbarung. Die Kunstgalerie beherbergt die Werke unzähliger neuseeländischer Maler. Mal kitschig, mal klassisch, zum Ansehen und Kaufen gibt es hier reichlich Auswahl für jeden Geschmack.

Märkte

- 28 [D5] **Harbourside Market**, Waitangi Park, Cable St, www.harboursidemarket.co.nz, geöffnet: So. 7.30-14 Uhr. Wochenmarkt mit großer Auswahl an frischem Obst und Gemüse sowie Kaffeewagen und hervorragenden Snackbuden.
- 29 [E5] **Wellington City Market**, im Atrium des Chaffers Dock Building, Herd St, Waterfront, www.citymarket.co.nz, geöffnet: So. 8.30-12.30 Uhr. Schlemmermarkt mit allen erdenklichen Köstlichkeiten von biologischen Oliven bis zu frischem Fisch und lokal produzierten Weinen, ein Muss für jeden Gourmet.

EXTRATIPP

24/7 Convenience Stores

Einige der Convenience Stores im Zentrum von Wellington haben täglich 24 Stunden lang geöffnet. Hier bekommt man zu jeder Tages- und Nachtzeit Grundnahrungsmittel und kleine Snacks. Gute Adressen sind beispielsweise:

- 25 [C5] **CityStop 24/7 Convenience Store**, 107 Manners Street, Tel. 8018669, www.citystop.co.nz
- 26 [C5] **Fix 24/7 Convenience Store**, 139 Cuba Street, Tel. 3840193, www.fix.co.nz

Auf ins Vergnügen
Wellington für Kauflustige

KLEINE PAUSE

„Bei kulinarischem Heimweh zu empfehlen"

Wer als Selbstversorger mit einem Leihwagen oder Wohnmobil unterwegs ist, mag das pappige Weißbrot aus dem Supermarkt und die gewöhnungsbedürftigen Würstchen der neuseeländischen Buden schnell satt haben. Alle Urlauber, denen gewisse deutsche Grundnahrungsmittel im Reisealltag fehlen, können in Wellington aufatmen, denn hier in der multikulturellen Hauptstadt Neuseelands bekommt man alle Köstlichkeiten. Ob Gummibärchen, deutsches Brot, Bratwurst oder Ziegenkäse – Wellington ist das Mekka für Feinschmecker.

Neben diversen europäischen Bäckereien hat auch der New World Supermarket (s. S. 19) viele internationale Produkte im Sortiment.

Für noch ausgefallenere Wünsche ist Moore Wilsons der absolute Tipp. Wahre Wellingtonians wissen, welche Gaumenfreuden hier schlummern, viele Gastronomen kaufen bei Moore Wilsons ein. Der Großhandel gliedert sich in verschiedene Abteilungen, von Spirituosen über Haushaltswaren bis hin zu Lebensmitteln. Besonders zu empfehlen ist der Frischemarkt!

🔒**27** [D6] **Moore Wilsons,** Tory Street Ecke College Street, www.moorewilson.co.nz, Tel. 3849906, geöffnet: Mo.–Sa. 8–18 Uhr, So. 9–17 Uhr.

010we Abb.: pwt

🔒**30** [C5] **Wellington Night Market,** Left Bank Street Ecke Cuba Street, geöffnet: Fr. 17–23 Uhr. Köstliche Essensstände und eine Einkaufserfahrung im Lichtermeer wie in Asien, tolle Atmosphäre, interessante Stände und musikalische Untermalung oder Tanzvorführungen unterhalten die Besucher.

🔒**31** [C4] **Wellington Underground Market,** Parkgarage Jervois Quay neben Frank Kitts Park, Waterfront, geöffnet: Sa. 10–16 Uhr. Viele Stände mit Kunsthandwerk, Schmuck und typisch neuseeländischen Produkten, die sich hervorragend als Andenken eignen. Snack- und Kaffeestände sorgen für das leibliche Wohl.

Wellington für Genießer

Essen und Trinken

In Wellington findet man eine nahezu grenzenlose Auswahl an Restaurants, Bars und Cafés, die jede Geschmacksrichtung befriedigen und unterschiedliches Ambiente bieten, von schick bis leger. Die multikulturelle Gesellschaft spiegelt sich deutlich in der Küche des Landes wider. Manche sprechen von der „**Modernen Küche**", wieder andere benennen den neu entstandenen Kochstil mit pazifisch-asiatischen Einflüssen als „**Pacific Rim**". In jedem Fall bietet die neuseeländische Gastronomieszene die **vielseitigsten internationalen Spezialitäten**. Ob asiatisch, mexikanisch, indisch, italienisch oder klassisch neuseeländisch, viele Lokale haben eine internationale Auswahl auf der Karte – von Sushi bis Sauerkraut. Zudem hat sich in den vergangenen Jahren in Wellington eine ganz eigene Sterneküche etabliert und internationale Starköche wie Peter Gordon hervorgebracht. Wo man sich früher eher hinter der britischen Küche aus Pies und Fish & Chips verstecken musste, legt man nun Wert auf **Eigenkreationen mit frischen, gesunden Zutaten**, bei denen neuseeländische Delikatessen aus dem Vorhof der Stadt ins Menü integriert werden. Fangfrischer Fisch und Meeresfrüchte, hochwertiges Lamm- oder Rindfleisch mit Kräutern und Gemüse frisch vom Markt und abgerundet mit den besten Weinen der Region. In Wellington sollte man diese lokalen Spezialitäten in jedem Fall probieren. Das Preisniveau der Restaurants ist ähnlich dem in Deutschland. Möchte man abends in einem ganz speziellen Lokal essen gehen, empfiehlt sich eine Tischreservierung. Fast überall findet man leger gekleidete Gäste, Wellington ist tolerant und offen, es gibt in puncto Dresscode kaum Regeln, alles ist erlaubt.

Bestellgepflogenheiten

Anders als in Europa üblich, bestellt man in den meisten Pubs und Cafés an der **Theke** und bezahlt auch gleich. Man bekommt dann eine Nummer ausgehändigt, die man mit zum Tisch nimmt. Stilles **Wasser** gibt es eigentlich überall umsonst. Entweder holt man sich Gläser und Wasser an einem Seitentisch oder das Personal stellt eine Wasserkaraffe auf den Tisch. Es wird nicht erwartet, dass man weitere Getränke bestellt.

◹ Deftig, lecker und ein Augenschmaus – frische regionale Produkte werden gekonnt zubereitet

Auf ins Vergnügen
Wellington für Genießer

Smoker's Guide

Das Rauchen ist in allen öffentlichen Einrichtungen sowie in sämtlichen Lokalen in Wellington untersagt. Neuseeland hat schon vor vielen Jahren ein Rauchverbot in der Gastronomie- und Hotelszene durchgesetzt. Die einzige Gelegenheit, eine Zigarette zu genießen, ist in den Außenbereichen der Cafés, Bars, Klubs und Restaurants. Tabak und Zigaretten sind in Neuseeland auch deutlich teurer als in Europa. Beide Faktoren tragen dazu bei, dass es in Neuseeland wesentlich weniger Raucher gibt als in Europa. Auch über ein öffentliches Rauchverbot auf Straßen, in Parks und an Stränden wird derzeit in vielen Stadträten debattiert. So könnte dies künftig dazu führen, dass der blaue Dunst dann per Gesetz gänzlich aus den Städten verbannt wird.

In klassischen Restaurants gibt es häufig im Eingangsbereich ein Schild mit dem Hinweis **„Please wait to be seated"**. Das Personal weist den Gästen dann entsprechend die Tische zu. Hier kommt die Bedienung auch an den Tisch, um die Bestellung aufzunehmen. Bezahlt wird allerdings immer nach der Mahlzeit an der Kasse im Ausgangsbereich. In Neuseeland ist es grundsätzlich nicht üblich, **Trinkgeld** zu geben. Findet man jedoch einen netten Hinweis neben der Kasse, freuen sich die Angestellten über die zusätzlichen Einnahmen. An staatlichen Feiertagen (s. S. 44) verlangen einige Lokale einen Zuschlag.

Foodcourts und Take-aways

Besonders für den kleinen Hunger zur Mittagszeit oder eine schnelle Mahlzeit lohnt sich der Gang zu sogenannten Foodcourts oder Take-away-Läden. Diese gibt es überall in Wellington und schon für wenige Dollar bekommt man eine sättigende Mahlzeit wie frisches Sushi, indisches Korma oder asiatische Wok-Gerichte. Natürlich gibt es auch klassische Burger, Pommes Frites *(chips)* oder Falafel. Um dann dem hektischen Fast-Food-Ambiente zu entkommen, empfiehlt es sich, einen der schönen Picknickplätze in den Parks (s. S. 41) oder an der Waterfront ❶ anzusteuern.

Cafés

Wer sich zum Mittagessen lieber gemütlich hinsetzt, sollte eines der zahlreichen Cafés ausprobieren. Es gibt auffallend viele Cafés in der Stadt, denn hier pflegt man eine aus-

◁ *In den kleinen, private Röstereien zaubern geschulte Baristas die köstlichsten Kaffeekreationen*

Wellingtons Cafészene

In und um die Stadt gibt es zahlreiche kleine, private Kaffeeröstereien. Die Liebe und Sorgfalt der Macher hinter dem Kaffee führt zu den besten Kreationen. Die meisten Kaffeegetränke werden hier mit Milch verfeinert. Besonders beeindruckend ist das Design, mit welchem die Barista den Milchschaum mit dem Kaffee beispielsweise als Farnblatt garnieren. Wer lieber Sojamilch möchte, einen schwächeren Kaffee („single-shot"), eine entkoffeinierte Tasse - kein Problem. Manchmal kosten die Sonderwünsche allerdings 50 Cent Aufpreis. Normalerweise bezahlt man für einen Kaffee, der gerne auch einfach im Becher mitgenommen wird, je nach Größe zwischen $ 3,50-6. Kleines Einmaleins der neuseeländischen Kaffeekompositionen:

› *Cappuccino:* wird aus Espresso zubereitet, in den heiße Milch gegossen und besonders viel Milchschaum als Krone aufgesetzt wird. Verziert wird das typisch italienische Getränk in Neuseeland je nach Wunsch mit Schokoladenpulver oder Zimt.
› *Flat White:* gibt es nur in Australien und Neuseeland und wird aus 1/3 Espresso und 2/3 Milch zubereitet. Die Milch wird beim Aufgießen jedoch in die unteren Schichten des Espresso gegeben, sodass die Schaumkrone oben nur sehr dünn ist.
› *Latte:* ist der schwächste Kaffee mit dem größten Milchanteil. Hierbei werden zwei Espresso in die bereits mit Milch gefüllte Tasse gegeben und hinterher noch eine dünne Schicht Milchschaum aufgesetzt.
› *Long black:* ist ein typisches Getränk in Neuseeland, bei dem zwei Espresso in eine Tasse mit heißem Wasser gegeben werden (nicht andersherum!), sodass der gecremte Espresso obenauf sitzt.
› *Mochaccino:* Schokoladen-Sirup oder Schokoladenpulver werden mit 1/3 Espresso und 2/3 Milch und Milchschaum vermengt.

gesprochene Kaffeekultur und die Cafészene ist lebhaft. Die Landeshauptstadt rühmt sich damit, sogar mehr Cafés pro Kopf zu haben als New York! Die meisten Cafés haben bereits frühmorgens geöffnet. Ob zum Frühstück, Brunch oder Mittagssnack, es werden sowohl süße als auch deftige Gerichte angeboten und eine hervorragende Tasse Kaffee ist selbstverständlich.

Empfehlenswerte Lokale

In Neuseeland vermischen sich oft die Kategorien, wenn aus dem Café vom Morgen ein hervorragendes Lokal am Abend wird. Die Öffnungszeiten der Lokalitäten geben guten Aufschluss darüber, welche Mahlzeiten angeboten werden. Die Angabe „**geöffnet bis spät**" mag für Europäer ungewöhnlich klingen. Hier richtet sich die Öffnungszeit nach der Anzahl der Gäste zu später Stunde – je mehr Besucher lange sitzen, desto länger bleibt das Lokal offen.

Gastro- und Nightlife-Areale
Bläulich hervorgehobene Bereiche in den Karten kennzeichnen Gebiete mit einem dichten Angebot an Restaurants, Bars, Klubs, Discos etc.

Auf ins Vergnügen
Wellington für Genießer

Preiskategorien

Durchschnittlicher Preis für ein Hauptgericht ohne Getränk:
$	bis $ 12 (bis 7,20 €)
$$	$ 12–20 (7,20–12 €)
$$$	$ 20–30 (12–18 €)
$$$$	über $ 30 (über 18 €)

Restaurants

32 [D5] **Chow** $$, 45 Tory Street, 1. Stock, Tel. 3828585, www.chow.co.nz, geöffnet: tägl. 12–24 Uhr, WiFi. Das asiatische Lokal bedient viele Geschmacksrichtungen. Von thailändischen Speisen über japanische Gerichte bis hin zu chinesischen und koreanischen Spezialitäten gibt es hier eine große Auswahl. Ob zum Mittag-, Abendessen oder Nachtmahl, die günstige und gute Küche ist empfehlenswert.

33 [C3] **Dockside** $$$$, Shed 3, Queens Wharf, Waterfront, Tel. 4999900, 4993977, www.docksidenz.com, geöffnet: tägl. 12–15 und 18–23 Uhr, WiFi. Das authentische Hafenrestaurant auf der alten Werft überzeugt mit einer internationalen Speisekarte, passender Weinauswahl und bietet einen wunderschönen Ausblick auf die Skyline.

34 [C3] **Foxglove** $$$, 33 Queens Wharf, Tel. 4609410, www.foxglovebar.co.nz, geöffnet: Mittagessen: Mo.–Fr. 11.30–14.30 Uhr, Sa./So. 10.30–15.30 Uhr, Abendessen: tägl. 10.30–22 Uhr, WiFi. Trendiges Restaurant mit hervorragender Küche. Ob Rind oder Fisch, die Zutaten sind ausgewählt und frisch. Eine große Käseauswahl und selbst produziertes Eis und Sorbets komplementieren das Menü. Das moderne, stilvolle Restaurant liegt direkt am Wasser und bietet einen 180-Grad-Blick über den Hafen. Die angegliederte Foxtalebar lädt nach dem Essen noch zu Drinks ein.

35 [C6] **Logan Brown** $$$$, 192 Cuba Street Ecke Vivian Street, www.loganbrown.co.nz, geöffnet: Mittagessen: Di.–Sa. 12–14 Uhr, High Tea: Di.–Sa. 13.30–15 Uhr, Abendessen: tägl. ab 17.30 Uhr. Das edle Lokal wurde 1996 von Al Brown und Steve Logan etabliert und seither immer wieder ausgezeichnet. Klassische Technik beim Kochen zaubert Speisen, die häufig als Gerichte der „neuen Welt" bezeichnet werden. Wichtig ist die Verwendung ganz frischer Zutaten von umliegenden Farmen, aus Gemüsegärten und aus dem Meer. Daraus werden dann extravagante Fisch-, Rind-, Lamm- und Meeresfrüchtespezialitäten gezaubert, die Augen und Gaumen verwöhnen. Besonders attraktiv ist das Ambiente im restaurierten ehemaligen Bankgebäude aus dem Jahr 1920 – ein edles Lokal für echte Food-Lover.

36 [D6] **Lone Star** $$$$, 66 Tory Street, Tel. 3854848, www.lonestar.co.nz, geöffnet: Bar: tägl. 16 Uhr bis spät, Restaurant: Mo.–Fr. 17.30 Uhr bis spät, Sa./So. 17 Uhr bis spät. Das Lone Star ist als klassisches Steak House bekannt, hat jedoch auch andere Fleisch- und Fischgerichte auf der Karte. Das Country-Ambiente schafft eine gemütliche Atmosphäre. Ein offener Kamin sowie eine trendige Bar im ersten Stock sind Highlights.

37 [E5] **Martin Bosley's** $$$$, 103 Oriental Parade, 1. Stock Port Nicholson Yacht Club, www.martin-bosley.com, Tel. 9208302, geöffnet: Mittagessen: Do./Fr. 12–14.30 Uhr, Abendessen: Di.–So. ab 18 Uhr. Martin Bosley ist einer der Chefköche Wellingtons. In seinem edlen Sternelokal werden Fisch- und Fleischgerichte aus heimischen frischen Produkten der jeweiligen Saison gezaubert. Eine gute Auswahl passender Weine und eine ästhetische Präsentation der Speisen sind für das mehrfach ausgezeichnete Lokal selbstverständlich. Das moderne Ambiente, eine sonnige Terrasse und

Auf ins Vergnügen
Wellington für Genießer

der fantastische Ausblick auf den Hafen machen aus jedem Essen ein Erlebnis für alle Sinne.

38 [C5] **Matterhorn** $$$$, 106 Cuba St, Tel. 3843359, www.matterhorn.co.nz, geöffnet: tägl. 10 Uhr bis spät. Dieses Lokal hat bereits mehrere Auszeichnungen bekommen und vereint Café, Restaurant und stylische Cocktailbar in einem. Der Sternekoch richtet Tapas, Platten und traditionelle Gerichte aus den frischesten Zutaten her. Dazu gibt es eine Weinliste, die sich sehen lassen kann, und an der integrierten Cocktailbar im Nebenraum fast jeden erdenklichen Drink. Auch berühmte Schauspieler sind in diesem Restaurant schon gesichtet worden.

39 [C5] **Meow** $$, 9 Edward St, Tel. 3858883, www.welovemeow.co.nz, geöffnet: Mo. 16.30 Uhr bis spät, Di.–Fr. 10 Uhr bis spät, Sa./So. 11.30 Uhr bis spät, WiFi. Trendiges Lokal mit warmer Küche aus rein biologischen Zutaten, Wein aus ökologischem Anbau und Biokaffee aus fairem Handel. Hier gibt es auch vegane und vegetarische Speisen auf der Karte und am Abend häufig Unterhaltung durch Livebands.

40 [D5] **Monsoon Poon** $$, 12 Blair Street, www.monsoonpoon.co.nz, Tel. 8033555, geöffnet: Mo.–Do. 11–23 Uhr, Fr. 11–24 Uhr, Sa. 17–24 Uhr, So. 17 Uhr bis spät, WiFi. Eine lebhafte Atmosphäre und ein innovatives Designkonzept machen das Monsoon Poon zum beliebten Lokal für alle Fans exotischer Gerichte. Mit Geschmacksnoten aus Indien, Südchina, Vietnam, Thailand, den Philippinen, Malaysia und Indonesien auf der Speisekarte findet jeder Südostasien-Fan die passende Mahl-

zeit. Ein zentral gelegenes Lokal, welches viele Köche und Kochstile unter einem Dach vereint.

41 [D5] **Pizzeria Napoli** $$$, 30 Courtenay Place, www.pizzerianapoli.co.nz, Tel. 8025908, geöffnet: Mittagessen: Di.–Sa. 12–15 Uhr, Abendessen: tägl. 17 Uhr bis spät. Typisch italienisches Lokal mit einem Holzofen für knusprige Pizzen. Hier ist alles authentisch, die Inhaber, die Gerichte und das Ambiente. Vor den Augen der Gäste werfen die Pizzabäcker die Teige durch die Luft. Klein, aber fein und leicht zu übersehen. Mit einigen Außenplätzen mitten am Courtenay Place aber eine tolle Adresse.

42 [C6] **Southern Cross** $$$, 39 Abel Smith Street, www.thecross.co.nz, Tel. 3849085, geöffnet: Mo.–Fr. 8 Uhr bis spät, Sa./So. 9 Uhr bis spät, WiFi. Das trendige, gute Restaurant bietet alles von Brunch über Snacks bis hin zu richtigen Mahlzeiten. Zudem gibt es leckere Cocktails. Hier trifft man sich zum Plausch unter Freunden. Im Sommer sind besonders die Tische im Innenhof fabelhaft für eine Mahlzeit unter freiem Himmel geeig-

> *Bei Logan Brown speist man in edlem Ambiente. Hervorragende Küche, die jeden Cent wert ist.*

Auf ins Vergnügen
Wellington für Genießer

net. Das Southern Cross ist Café, Restaurant und Bar in einem.

43 [C4] **St. Johns** $$$$, 5 Cable St, Waterfront, Tel. 8018017, www.stjohnsbar.co.nz, geöffnet: Mo.–Fr. 11 Uhr bis spät, Sa./So. 9 Uhr bis spät, WiFi. Das Restaurant mit großer Bar und großem Außenbereich lädt mit seiner perfekten Lage an der Lagune am Hafenbecken ein. Sitzsäcke auf dem Rasen dienen als gemütliche Alternative zu den Tischen. Ob für einen Drink, eine hervorragende Mahlzeit oder einen Kaffeeplausch, die Größe des Lokals ist dennoch einladend. Deutsche Biersorten und edle Speisen wie Entenbrust oder Ziegenkäse-Soufflé auf der Speisekarte bieten eine gelungene Abwechslung zu einer herkömmlichen Bar.

△ *Martin Bosley (s. S. 26) verwöhnt seine Gäste mit edlen Weinen, die perfekt auf die Speisekarte abgestimmt werden*

44 [D6] **Sweet Mother's Kitchen** $$$, 5 Courtenay Place, Tel. 3854444, www.sweetmotherskitchen.co.nz, geöffnet: Do./So. 8–22.30 Uhr, Fr./Sa. 8 Uhr bis spät, WiFi. Der Restaurantname verrät bereits alles über die Küche. Auf der Karte steht hausgemachtes Essen, traditionell gekocht wie bei Muttern. Zudem gibt es mexikanisches Snack-Food. Die Köche sind bedacht auf ihre Zutaten, wählen Biomilch, Eier von freilaufenden Hühnern, Schweine- oder Hühnerfleischgerichte von Tieren ohne Käfighaltung. Das In-Lokal neben dem berühmten Embassy Theatre 32 ist für einen leckeren Brunch ebenso geeignet wie für ein Mittag- oder Abendessen.

45 [D6] **Tasting Room** $$$, 2 Courtenay Place Ecke Cambridge Terrace, Tel. 3841159, www.tastingroom.co.nz, geöffnet: Mo.–Fr. 11 Uhr bis spät, Sa./So. 10 Uhr bis spät. Deftige Küche hervorragend zubereitet. Hier gibt es vom Wiener Schnitzel über Steaks bis zum Burger alles, was das Herz begehrt. Es lohnt sich auch immer, einen Blick auf die Tageskarte zu werfen. Seine zentrale Lage und die gemütliche Einrichtung auf zwei Etagen machen den Tasting Room vor allem für ein gemütliches Abendessen zum begehrten Lokal.

Cafés

46 [G5] **Beach Babylon,** 232 Oriental Parade, www.beachbabylon.co.nz, Tel. 8017717, geöffnet: tägl. 8 Uhr bis spät. Das Beach Babylon ist ein Strandcafé und -restaurant im 1970er-Jahre-Retrostil. Beach-Glamour und kosmopolitischer Kitsch machen das stylische Lokal zum ultimativen Stopp bei einem

WLAN-Hotspots
Lokalitäten mit WLAN-Hotspots sind hier mit „@@" gekennzeichnet.

Auf ins Vergnügen
Wellington für Genießer

Spaziergang entlang der Oriental Parade. Mit seinen Außen- und Innensitzplätzen lädt es bei jedem Wetter zum Snack, Kaffee oder Retro-Fondue ein – gut und günstig.

○**47** [D6] **Caffe L'affare,** 27 College St, Tel. 3859748, www.laffare.co.nz, geöffnet: Mo.–Fr. 7–16.30 Uhr, Sa./So. 8–16 Uhr. Eine der etabliertesten Kaffeeröstereien unterhält hier seit 1990 ihr eigenes Café. Ob Kaffee und Muffin oder Fischgericht, der Service ist gut, die Location ansprechend und das Personal immer freundlich. L'affare ist ein guter Treffpunkt für Familien und Kollegen, aber auch alleine sitzt man hier gut.

○**48** [E5] **Chalk** ●●, 22 Herd Street, Chaffers Dock Marina, Waterfront, Tel. 8019312, geöffnet: Di.–So. 9–17 Uhr. Das Café Chalk ist einladend und urgemütlich. Mit Kreidemalereien an der Wand, einer Bücherecke, der aktuellen Tageszeitung und Sitzsäcken zum Lümmeln neben den normalen Tischen und Sofas zieht das Chalk gemischtes Klientel an. Das Essen ist hausgemacht und kommt nicht aus der Tiefkühltruhe. Frische Smoothies, Burger, Fischgerichte oder Brunchangebote, hier findet jeder das passende Gericht. Besonders die Tische im Freien sind für ein Mittagessen in der Sonne ideal, der Blick auf die Marina ist unbezahlbar!

○**49** [C4] **Finc,** 122 Wakefield St, Tel. 4992999, www.finc.co.nz, geöffnet: Mo./Di. 7.30–16 Uhr, Mi.–Fr. 7.30–21 Uhr, Sa. 9–21 Uhr, So. 9–16 Uhr. Finc steht für hohe Qualität, frische Zutaten – wo möglich – aus fairem Handel, biologischem Anbau und von freilaufenden Hühnern. Viele Gerichte sind vom Pacific Rim inspiriert, einem neuen Kochstil mit Einflüssen aus dem asiatisch-pazifischen Raum. Die hohe Qualität der Zutaten und der innovative Touch ergeben ein wunderbares Esserlebnis. Die Lage des Cafés nahe der Town Hall und des Michael Fowler Centres und die Öffnungszeiten machen das Lokal zum idealen Stopp vor einem Konzertbesuch.

○**50** [C6] **Floriditas,** 161 Cuba Street, Tel. 3812212, www.floriditas.co.nz, geöffnet: tägl. 7 Uhr bis spät. Floriditas ist bekannt für wunderbare Brunchs ebenso wie für köstliche warme Gerichte zu jeder Tageszeit. Ob ein leckeres Fischgericht oder frische Salatvariationen mit Pasta, hier kommt jeder Geschmacksnerv auf seine Kosten – simple Zutaten stylish gekocht und hervorragend abgeschmeckt. Das gemütliche Ambiente und die zentrale Lage machen das Floriditas zu einem perfekten Zwischenstopp bei jedem Einkaufsbummel.

○**51** [C4] **Lamason,** 28 Lombard St, Tel. 4731632, geöffnet: Mo.–Fr. 7–16.30 Uhr, Sa. 9.30–15 Uhr. Versteckt in einer winzigen Seitenstraße liegt dieses wohl außergewöhnlichste Café Wellingtons. Die kleinen Gebäckstücke aus der Theke sind o.k., doch wer dieses Lokal wählt, kommt wegen des Kaffees. Lamason ist die erste Siphon Espresso Bar von Wellington. Hier wird der Kaffee per Hand durch Siphons gefiltert – eine absolute Rarität.

> **EXTRATIPP**
> **BYO – Bring your own**
> Die meisten Lokale in Wellington haben eine Lizenz, Alkohol ausschenken zu dürfen. Die Restaurants und viele Cafés, die keine Lizenz haben, bieten oft die Option BYO an, was bedeutet „bring your own". Die Gäste können dann selbst Bier, Wein oder Sekt mitbringen und verzehren, die passenden Gläser werden zur Verfügung gestellt. Allerdings muss man dann eine sogenannte *corkage fee,* Korkgeld, in Höhe von rund $5 bezahlen.

Wellington für Genießer

EXTRATIPP

Lecker vegan
Es gibt in der Innenstadt Wellingtons zahlreiche Cafés und Restaurants, die vegetarische und sogar vegane Speisen anbieten. Gute Adressen für Veganer sind die Cafés **Meow** (s. S. 27), **Chow** (s. S. 26), **Midnight Espresso** (s. S. 30) und das **Southern Cross** (s. S. 27).

Dinner for one
Bars und Pubs sind grundsätzlich gut geeignete Orte, um abends allein zu essen. An den langen Theken kommt sich garantiert keiner verloren vor und man findet beim Warten auf die Mahlzeit bei einem Bier schnell Gesprächspartner. Besonders geeignet für eine Mahlzeit ohne Begleitung, bei der man sich nicht alleine fühlen muss, sind zudem folgende Lokale: **Midnight Espresso** (s. S. 30), das Irish Pub **Molly Malones** (s. S. 32), **Rogue & Vagabond** (s. S. 33), **Ombra** (s. S. 33) und der **Tasting Room** (s. S. 28). Wer alleine Brunchen oder Mittagessen möchte, ist im **Chalk** genau richtig (s. S. 29).

Für den späten Hunger
Wer spät nachts mit knurrendem Magen unterwegs ist, wird in Wellington mit Sicherheit noch etwas zu essen finden. Viele der Lokale haben insbesondere am Wochenende bis nach Mitternacht, einige sogar bis 3 Uhr morgens geöffnet. Gute Adressen für ein Nachtmahl sind das **Chow** (s. S. 26), **Midnight Espresso** (s. S. 30), **Matterhorn** (s. S. 27) und **Ancestral** (s. S. 31). Wer sich nur einen kleinen Snack kaufen will, findet neben zahlreichen Take-away-Läden entlang der Cuba Street auch Convenience Stores, die 7 Tage die Woche für 24 Stunden geöffnet haben (s. S. 21).

Speisen mit Aussicht
Wer nicht nur den Magen, sondern auch seine Augen und Seele verwöhnen möchte, kann sich für eines der vielen Lokale mit Ausblick auf das Meer entscheiden. Besonders zu empfehlen sind das **Dockside** (s. S. 26), **Martin Bosley's** (s. S. 26), das **Chalk** (s. S. 29), **Mojo Waterfront** (s. S. 30) und das **Foxglove** (s. S. 26).

◯52 [C6] **Midnight Espresso**, 178 Cuba St, Tel. 3847014, geöffnet: Mo.–Fr. 7.30–3 Uhr, Sa./So. 8–3 Uhr. Leckere Gerichte vom Frühstück bis zum Nachtmahl bekommt man im Midnight Espresso. Das kleine In-Café ist gemütlich und bietet asiatische, europäische und mediterrane Küche. Frische Zutaten, vegane und vegetarische Gerichteauswahl, kubanischer Kaffee – dies ist die richtige Adresse für gesunde Ernährung und für alle Nachtschwärmer.

◯53 [C3] **Mojo Waterfront**, 33 Customhouse Quay, Kumutoto Plaza, Waterfront, Tel. 4736662, www.mojocoffee.co.nz, geöffnet: Mo.–Do. 7–17 Uhr, Fr. 7–18 Uhr, Sa./So. 9–16 Uhr. Das Mojo ist eine der privaten Kaffeeröstereien, die auf der Beliebtheitsliste der Bürger ganz oben stehen. Neben unzähligen kleineren Cafés und Kaffeeständen in der ganzen Stadt bietet die Rösterei in dieser Location direkt an der Waterfront ein fantastisches Ambiente. Große Panoramafenster und Tische im Freien laden Spaziergänger und Geschäftsleute gleichermaßen ein. Besonders zu empfehlen sind die selbst gemachten Pizzen und natürlich der fantastische, selbst geröstete Kaffee.

◯54 [C6] **Olive** €€, 170 Cuba St, Tel. 8025266, geöffnet: Mo.–Fr. 7 Uhr bis spät, Sa./So. 8.30 Uhr bis spät. Gemütliches, stilvolles Café, welches sich am Nachmittag in ein Restaurant verwandelt. Besonders schön ist der grüne

Innenhof, in dem an sonnigen Tagen gegrillt wird. Die Küche ist an die spanische Esskultur angelehnt, es gibt jedoch auch viele köstliche Gerichte aus anderen Regionen des Mittelmeerraumes. Von Kuchen über Tapas – hier wird alles mit Liebe zubereitet.

Eiscafés

○55 [D4] **Gelissimo** ®®, 11 Cable Street Taranaki Wharf, Tel. 3859313, www.gelissimo.co.nz, geöffnet: Mo.–Fr. 8–17 Uhr, Sa./So. 10.30–17.30 Uhr. Handgefertigte Eissorten aus Biomilch werden hier zu über 80 verschiedenen Eissorten verarbeitet. Wer Eis und Kaffee liebt, ist hier an der richtigen Adresse. An schönen Sommertagen wird das köstliche Eis auch ab 9.30 Uhr aus der Bude am Freyberg Pool, 139 Oriental Parade, und an Sonntagen auf dem City Market (s. S. 21) verkauft.

○56 [D6] **Kaffee Eis – Filiale 1,** 29 Courtenay Place, www.kaffeeeis.co.nz, Tel. 3848040, geöffnet: Mo.–Do 7.30–23 Uhr, Fr. 7.30–24 Uhr, Sa. 9–24 Uhr, So. 9–22 Uhr. Die italienische Eisdiele gibt es an drei perfekten Plätzen für Eisfreuden und Kaffee zwischendurch. Große Kugeln des selbst produzierten Eises, leckere Sorten, große Auswahl. Für Nachtschwärmer, als Dessert nach einem Restaurantbesuch oder am Nachmittag für zwischendurch, die Filiale am Courtenay Place zieht täglich Touristen und Wellingtonians gleichermaßen an.

○57 [C4] **Kaffee Eis – Filiale 2,** 49/77 Jervois Quay beim Frank Kitts Park/Lagune, Tel. 479155, geöffnet: Mo.–Fr. 9.30–18 Uhr je nach Wetterlage.

Wellington am Abend

Noch vor 15 Jahren wurden in Wellington abends mit dem Schließen der Geschäfte die Bürgersteige hochgeklappt. Heute steht die City nie still, eine regelrechte Party- und Barszene hat sich entwickelt und Nachtschwärmer bevölkern die Straßen bis in die frühen Morgenstunden.

Das Wochenende beginnt für viele Kiwis klassisch mit dem *afternoon beer* im Büro. Viele Angestellte gehen danach noch gemeinsam ins Pub. Dort gibt es neben Snacks auch richtige Mahlzeiten, sodass man sich durchaus eine Weile dort aufhalten kann. Zu fortgeschrittener Stunde wird dann auch gerne mal das Lokal gewechselt – *pub hopping*. Eine Kneipe zum Essen und für das Feierabendbier, dann eine Bar für einen Cocktail oder ein Klub zum Tanzen. Allerdings gibt es in der Landeshauptstadt keine Großraumdiskotheken. Kleine Klubs, Bars und Pubs sind gemütlicher und eignen sich bestens zum Feiern und Tanzen. Die Neuseeländer scheuen sich nicht, auch mal im Restaurant zur Livemusik oder sogar zwischen den Sitzreihen im Kino das Tanzbein zu schwingen. Wer nachts in Wellington unterwegs ist, schwimmt in einer Masse unzähliger Feiernder jeden Alters.

Bars und Pubs

○58 [D6] **Ancestral,** 31–33 Courtenay Place, Tel. 8018867, www.ancestral.co.nz, geöffnet: Mo./Sa. 16 Uhr bis spät, Di.–Fr. 11 Uhr bis spät, geschl.: Sonn- und Feiertage, WiFi. Das Ancestral setzt den thematischen Schwerpunkt auf das Shanghai der 1930er-Jahre. Die Gartenbar, das Restaurant und das Pub bieten asiatische Klänge, Gerüche und ein Ambiente im Stil des historisch-kosmopolitischen Chinas. Cocktails, Sake und ein Yakitori-Menü komplementieren die historische Ancestral-Erfahrung.

59 [C1] **Backbencher,** 34 Molesworth Street, Thorndon, Tel. 4723065, www.backbencher.co.nz, geöffnet: Mo.–Fr. 7.30 Uhr bis spät, Sa./So. 9 Uhr bis spät. Das Gastropub gegenüber des Parlaments ist nicht nur Drehort für die gleichnamige politische Talkshow im neuseeländischen Fernsehen, sondern auch Institution für viele Regierungsmitarbeiter und Macher politischer Satire. Hier gibt es eine große Auswahl an verschiedenen Zapfbieren, Weinen und Kaffee, der vor Ort frisch geröstet wird. Die Speisekarte bietet eine reichhaltige Auswahl von Snacks bis hin zu ausgetüftelten Speisen – gemütliche Atmosphäre, besonderes Flair.

60 [D5] **El Horno,** 30 Courtenay Place, Tel. 3854532, www.elhorno.co.nz, geöffnet: Di.–So. 15 Uhr bis spät. Diese kleine mexikanische Bar mitten am Courtenay Place wurde bereits mehrfach ausgezeichnet. Ob Sangria, traditionelle Sombreros für die Gäste an Samstagen sowie Livemusik am Mittwoch und Donnerstag – Spaß und eine erinnerungsträchtige Nacht sind bei köstlicher Texmex-Küche garantiert.

61 [C5] **Molly Malones,** 134 Courtenay Place Ecke Taranaki Street, Tel. 3842896, www.mollymalones.co.nz, geöffnet: tägl. 11 Uhr bis spät, WiFi. Molly Malones ist ein klassisches Irish Pub mit Livemusik an jedem Abend und einer langen Bar. Wer hier eintritt, ist garantiert nicht lange alleine und wird gut unterhalten. Das typische Pubessen und die Snacks sind gut und günstig. Tanz und Drinks zu später Stunde in einer freundschaftlichen Atmosphäre garantieren Spaß inmitten der Partyszene am Courtenay Place.

62 [D6] **Motel,** 4 Forresters Lane, 1. Stock, Tel. 3849084, www.motelbar.co.nz, geöffnet: Mi.–So. 20 Uhr bis spät. Das Motel ist ein absoluter Tipp und von Szene-Experten gelistet als eine der besten Bars der Welt (www.worldsbestbars.com). Versteckt in einer Gasse liegt die trendige, exotische Lounge-Bar im ersten Stock eines Hinterhofgebäudes. Viele Schauspieler aus den Blockbuster-Produktionen von Wellywood sind hier schon gewesen. Kleine Snacks zu später Stunde und eine Cocktailauswahl von über 200 gerührten und geschüttelten Köstlichkeiten machen die New York Jazz Club Bar im Stil der 1950er-Jahre zum perfekten Ort für Nachtschwärmer.

Auf ins Vergnügen

Wellington am Abend

○63 [C6] **Ombra,** 199 Cuba Street Ecke Vivian Street, Tel. 3853229, www.ombra.co.nz, geöffnet: tägl. 10–2 Uhr. Ombra ist eine klassische italienische Gassenkneipe, urgemütlich und gut. Typische italienische Vorspeisenplatten, Pasta und Salate sind die Spezialität des römischen Kochs. Das Gebäude stammt aus dem Jahr 1922, verbindet Altes geschickt mit modernem Interieur und die großen Fensterscheiben zur Straße laden geradezu zur Beobachtung des Wellingtoner Stadtlebens bei einem guten Glas Wein ein. Ob zum Kaffee, Mittagessen oder am Abend, Ombra ist immer einen Besuch wert.

○64 [B5] **Rogue & Vagabond,** 18 Garrett Street, am Glover Park, Tel. 0212321, www.rogueandvagabond.co.nz, geöffnet: tägl. 12 Uhr bis spät. Das Rogue & Vagabond ist eine relativ neu etablierte Kneipe. Hier kann man viele verschiedene Biersorten, sogenannte *craft beers,* aus den kleinen lokalen Brauereien von Wellington probieren. Gute Livemusik von Donnerstag bis Sonntag und die ausgestellten Kunstwerke lokaler Kunstschaffender an den Wänden machen das Pub zum legeren Treff für alle, die ein bisschen Wellingtoner Szeneluft schnuppern wollen.

Nachtleben

Das Nachtleben in Wellington spielt sich ebenso zentriert ab wie tagsüber der Shoppingtrubel. Die **Partymeile** liegt entlang des Courtenay Place ③ und zieht sich bis in die Cuba Street. Szenetreffs, Nachtklubs und Tanzbars, Kleinkunstbühnen und Kabaretts – nahezu alle Lokale und Veranstaltungshäuser liegen in dieser Region. Wer zentral untergebracht ist, kann alles ohne Probleme in rund zehn Minuten zu Fuß erlaufen.

○65 [D6] **Boogie Wonderland,** 25 Courtenay Place, www.boogiewonderland.co.nz, Tel. 3852242, geöffnet: Do. 21–4 Uhr, Fr./Sa. 21 Uhr bis spät. Wer in das Boogie Wonderland geht, unternimmt eine Zeitreise zurück in die 1960er- bis 1980er-Jahre. Ein gläserner Tanzboden wie in Saturday Night Fever und die Innenausstattung im Retrolook machen eine Nacht im Poptempel zur ultimativen Nachtkluberfahrung. Viele Kiwis gehen sogar verkleidet hin, denn die Kostümkultur in Neuseeland ist ausgesprochen ausgeprägt.

○66 [D5] **Fringe Bar,** 26–32 Allen Street am Courtenay Place, Tel. 8015007, http://thefringebar.co.nz. Keine Nacht in der Fringe Bar gleicht der anderen. Ob Spontan-Comedy, Kabarett, Sketche, Livemusik oder Improvisationstheater, jeden Abend ist diese Bar für neue Überraschungen gut. Hier finden auch das New Zealand Fringe Festival und das New Zealand International Comedy Festival statt. Wer nach guter Unterhaltung sucht, ist hier bis spät in die Nacht bestens aufgehoben – warum nicht auch spontan die Bühne ausprobieren?

◁ *Wellington by night – ein beeindruckendes Lichtermeer*

Wellington am Abend

67 [D7] **Front Room,** 5 Hania St, Mt Victoria, Tel. 9765897, www.mukuna.co.nz, http://jamescabaret.com, Eintritt je nach Veranstaltung. Das James Cabaret wurde 1936 von Kimmy James Back etabliert und ist immer noch unter der Abkürzung Jam bekannt. Hier spielen viele internationale und große nationale Bands. Im Vergleich zu großen Konzerthallen ist der Saal mit seiner Galerie im ersten Stock jedoch überschaubar, sodass man sehr nahe an die Musiker auf der Bühne herankommt, ein Livekonzert-Feeling der besonderen Art.

68 [C5] **Mighty Mighty,** 104 Cuba Street, 1. Stock, www.mightymighty.co.nz, Tel. 3852890, geöffnet: Mi.–Sa. 16–3 Uhr. Das Mighty Mighty ist ein schräger Musikklub, der direkt über dem Matterhorn Restaurant (s. S. 27) liegt. Das Interieur aus Palmen und pinken Vorhängen ist gemütlich und genauso bunt wie das Programm des Klubs. Folk-Nächte, Ess- oder Tanzwettbewerbe, Comedy Nights oder ein rollerbladendes Ukulele-Orchester – Unterhaltung ist garantiert.

69 [C6] **San Francisco Bath House,** 171 Cuba Street, Tel. 8016797, www.sfbh.co.nz, geöffnet: Mi.–Sa. ab 20 Uhr. Das San Francisco Bath House ist ansprechender Klub und Konzerthaus gleichermaßen, hier wird fast täglich Livemusik geboten. Treten bekanntere Bands auf, muss an der Kasse eine Eintrittskarte gekauft werden, ansonsten ist der Eintritt frei. Was früher als Rockschuppen galt, zieht heute Leute jeden Musikgeschmacks an – coole Location, gemütliches Interieur.

▷ *Der Courtenay Place* **31** *am späten Abend. Bis in die frühen Morgenstunden kann man sich hier vergnügen.*

Theater und Konzerte

Obwohl Wellington relativ klein ist, gibt es zahlreiche Bühnen, Konzerthäuser und Theater im Zentrum der Kulturhauptstadt Neuseelands. Einen guten Überblick bietet der Eventfinder unter www.eventfinder.co.nz. Diese Veranstaltungssäle in Wellington sind die interessantesten:

70 [D5] **Circa Theatre,** 1 Taranaki St, Waterfront, Tel. 8017992, www.circa.co.nz. Circa sitzt nicht nur in einem wunderschönen antiken Gebäude direkt neben dem Te Papa Tongarewa **2**, sondern ist auch seiner Tradition von Theaterschauspiel und der Interaktion mit dem Publikum in seiner über 35 Jahre langen Geschichte treu geblieben. Das Programm ist vielfältig und wechselt zwischen Comedy, Dramen, Musicals und Pantomime.

71 [D5] **Downstage,** 12 Cambridge Terrace, Tel. 8016946, www.downstage.co.nz. Das Downstage ist ein modernes Theater, in dem sowohl Bühnenstücke als auch Improvisationstheater, Tanz, Zirkus, Livemusik und Stand-up-Comedy gezeigt werden. Je nach Programm werden die Besucher mit einbezogen, bekommen einen guten Einblick in die Tradition der Bühne und die Arbeit der Künstler und können sich vom Enthusiasmus fürs Theater anstecken lassen.

72 [C4] **Michael Fowler Centre,** 111 Wakefield St, Tel. 8014231, www.pwv.co.nz. Das Michael Fowler Centre ist mit über 2000 Sitzplätzen mit Abstand der größte Konzertsaal Wellingtons. Sein imposantes Interieur aus heimischen Holzarbeiten und die edle Ausstattung der Emporen sind ebenso beeindruckend wie die außergewöhnliche Akustik des Gebäudes. Zudem ist der Konzertsaal die Heimspielstätte des weltberühmten New Zealand Symphony Orchestra. Wer Karten für eines der vie-

Auf ins Vergnügen
Wellington am Abend

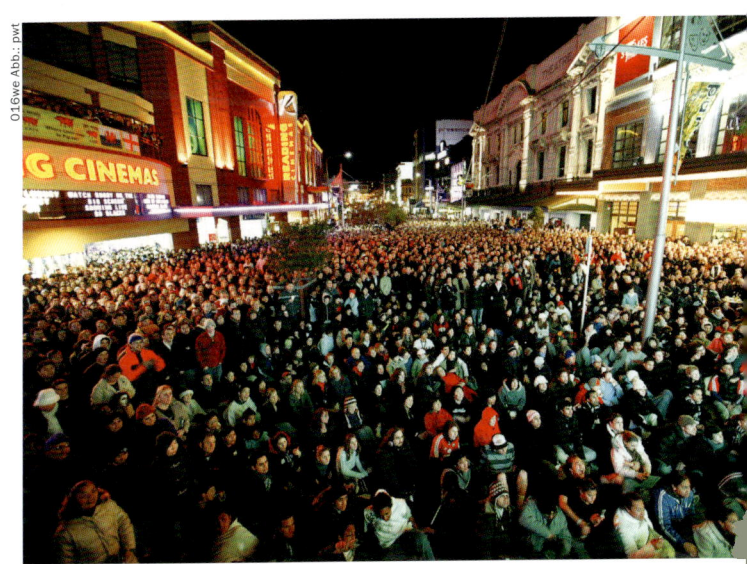

len klassischen oder modernen Konzerte ergattern kann, sollte sich diese Möglichkeit auf keinen Fall entgehen lassen.

◯73 [C5] **Opera House**, 111/113 Manners St, Tel. 8014231, www.pwv.co.nz. Das Opera House ist eines der Wahrzeichen Wellingtons, geliebter Veranstaltungsort und lebende Historie zugleich. Das Gebäude aus dem Jahre 1913 ist innen wie außen wunderschön und macht eine Theateraufführung, eine Oper, ein Musical, ein Ballett oder ein Konzert zum ganz besonderen Erlebnis. Auf der Marmortreppe, die zum Saal führt, ist schon so mancher Star entlanggeschritten, der Zuschauersaal selbst hat mehrere Ränge und Veranden und gipfelt in einer pompösen Kuppel. Auch die Bühne ist gigantisch und hat sogar größere Ausmaße als die des Opera House in Sydney. Mit über 1300 Sitzplätzen und einem gemütlichen Operncafé ist dieses Gebäude einer der beliebtesten Säle des Landes.

◯74 [D5] **St James Theatre**, 77/87 Courtenay Place, Tel. 8014231, www.pwv. co.nz. Neben dem Opernhaus zählt das St James Theatre am Courtenay Place aus dem Jahre 1912 zu den schönsten Gebäuden der Stadt. Die Deckengemälde und Wandverzierungen aus Hörnern, Harfen und tanzenden Engeln sollen unterschiedliche Aufführungsformen repräsentieren. Der Zuschauersaal besteht aus drei Etagen und 1500 Sitzplätzen, die Bühne ist mit internationaler Technik ausgerüstet und gilt als die beste Tanzbühne des Landes. Das großzügige Eingangsfoyer sowie das angegliederte Café Jimmy heißen willkommen. St James ist die Heimstätte des Royal New Zealand Ballet. Ein hier erlebter Konzert-, Theater- oder Ballettabend bleibt garantiert in Erinnerung.

◯75 [C4] **Town Hall**, 111 Wakefield Street, Tel. 8014231, www.pwv.co.nz. Die Town Hall ist ein wunderschönes markantes Renaissancegebäude und wurde 1904 eröffnet. Ihre besondere Akustik und Eleganz eignet sich hervorragend für klassische Konzerte, Theater-, Tanz- und Musicalaufführungen. Hier finden unzählige Events statt und ein Blick in den Veranstaltungskalender lohnt sich immer. Das historische Gebäude wird derzeit erdbebensicher umgebaut und bleibt deshalb **voraussichtlich bis Oktober 2015 geschlossen.**

⊖76 [C3] **TSB Arena**, 4 Queens Wharf, Tel. 8014231, www.pwv.co.nz. Die TSB Arena ist Wellingtons Indoor-Arena für Konzerte, Messen, Comedy und Shows, wie das jährliche Mode-Tanz-Spektakel „World of Wearable Art" (s. S. 42). Angegliedert ist **Shed 6**, eine ehemalige Hafenlagerhalle, die bei bestimmten Veranstaltungen in die Konzerthalle integriert wird. Die moderne Arena wird vor allem gebucht, wenn mehr als 2000 Zuschauer erwartet werden. Durch die perfekte Lage direkt an der Waterfront kann man sich vor oder nach der Veranstaltung in einem der unzähligen Lokale stärken.

Wellington für Kunst- und Museumsfreunde

Wellington ist die Kunst- und Kulturhauptstadt Neuseelands, ein lebendiges Eldorado für Kunstliebhaber, wie es sonst in diesem Maße nirgendwo in Neuseeland existiert. Es gibt viele Galerien und Museen zu entdecken, die oft interaktiv aufgebaut, interessant und zudem meist kostenfrei sind. Egal ob bei einer Führung oder in Eigenregie, in Wellington kann man sich auf eine kulturelle Reise begeben in die Geschichte des Landes, seine Literatur, Maori-Kultur, Geografie, Politik, Tierwelt und vieles Spannende mehr.

Museen

🏛77 [A3] **Cable Car Museum**, 1 a Upland Road Kelburn, Bergstation des Cable Car, www.museumswellington.org.nz/cable-car-museum, Tel. 4753578, geöffnet: tägl. 9.30–17 Uhr, Eintritt: frei. Dieses kleine Museum zeigt die interessante Geschichte und Entwicklung des Wahrzeichens von Wellington, dem roten Cable Car, von 1902 bis heute. Die Ausstellung befindet sich im ehemaligen Spulenhaus, wo einst der Dampfantrieb untergebracht war, der das Cable Car den steilen Berg hinaufbeförderte. Viele

Wellington für Kunst- und Museumsfreunde

Wellingtonians unterhalten übrigens noch heute private Cable Cars, um zu ihren Häusern an den steilen Hängen der City zu gelangen. Wer ohnehin mit dem Cable Car zur Aussichtsplattform fährt, sollte einen Blick in das Museum werfen.

78 [B7] **Colonial Cottage Museum,** 68 Nairn St, Mt Cook, Tel. 3849122, www.museumswellington.org.nz/colonial-cottage-museum, geöffnet: tägl. 12–16 Uhr, Eintritt: Erwachsene $ 8, Kinder (5–14 J.) $ 4, bis 5 J. frei. Das Cottage selbst stammt aus dem Jahr 1858 und wurde von William Wallis im eleganten georgianischen Stil erbaut. Bis heute sind das Interieur und Flair des Kolonialhauses originalgetreu erhalten. Eine Tour durch das Museum, interessante Geschichten und ein Blick in den angelegten Garten entführen die Besucher in das Leben der Familie Wallis im 19. Jh.

79 [bj] **Katherine Mansfield Birthplace,** 25 Tinakori Road, Thorndon, 10 Min. Fußmarsch vom Parlamentsgebäude oder Bus Nummer 14 nach Wilton, Haltestelle Park Street, www.katherinemansfield.com, geöffnet: Di.–So. 10–16 Uhr, Eintritt: Erwachsene $ 8, Senioren/Studenten $ 5, Kinder $ 2. Katherine Mansfield ist Neuseelands bekannteste Autorin. Viele ihrer Kurzgeschichten beruhen auf Erlebnissen in ihrem Geburtshaus in Wellington. Dort steht sogar noch ihr Originalpuppenhaus. Ein Blick hinter die Kulissen ihres Lebens, Wirkens und Wohnens vermittelt das zum Großteil noch original eingerichtete Haus ihrer Familie. Zudem werden einige spannende Hintergründe in Filmen gezeigt und für interessierte Literaturfreunde lohnt sich in jedem Fall die Führung.

◁ *Im Te Papa Tongarewa National Museum* ❷ *kann man Modelle ausgestorbener Tiere wie Riesenvogel Moa und Haast Eagle besichtigen*

Museen, die mit einer magentafarbenen Nummer (❶) als Hauptsehenswürdigkeit ausgewiesen sind, werden im Kapitel „Wellington entdecken" ausführlich beschrieben. Dort finden sich auch alle praktischen Informationen wie Adresse, Öffnungszeiten usw.

❶ [C3] **Museum of Wellington City & Sea.** Hier geht es um das Leben in der Stadt am Meer zur Kolonialzeit sowie um den Bezug der Maori zum Meer, dramatische Schiffsunglücke und die Historie und Kultur von Wellington. Mit modernster Technologie ausgestattet, beeindruckt die interaktive Ausstellung im historischen Gebäudekomplex im Hafenbecken. Das Museum of Wellington City & Sea wurde von der britischen Zeitung „The Times" unter die Top 50 der weltbesten Museen gewählt.

80 [B6] **National Tattoo Museum of New Zealand,** 187 Vivian Street, Tel. 3852185, www.mokomuseum.org.nz, geöffnet: Mo.–Sa. 12–17 Uhr, Eintritt: frei. Das Tattoo Museum ist ein kleines privates Museum, welches sich der Geschichte der Tätowierkunst in Neuseeland widmet. Ein besonderes Augenmerk wird auf die traditionellen Maori-Tattoos gelegt, auch *Ta Moko* genannt. Die Ausstellung zeigt eine Mischung aus historischen Tattoo-Artefakten, Werkzeugen, Illustrationen und Informationen zu Techniken und Stil.

❷ [D5] **Te Papa Tongarewa.** Das Nationalmuseum Neuseelands bietet auf sechs Stockwerken eine große Bandbreite aller wichtigen Themen, die Aotearoa beleuchten, erklären und dem Besucher näherbringen. Von seiner spezifischen Geografie über die Landesgeschichte, Flora und Fauna bis hin zur Maori-Kultur sind die Thematiken anschaulich und interaktiv aufgearbeitet. Ein Muss

Auf ins Vergnügen
Wellington für Kunst- und Museumsfreunde

für jeden Wellingtonbesuch und zudem kostenfrei. Ein Blick auf das Angebot der interessanten kostenpflichtigen Touren lohnt sich.

- 🔟 [ck] **Weta Caves.** Das Minimuseum mit Shop im Filmviertel Miramar bietet einen spannenden Blick hinter die Kulissen des Peter-Jackson-Imperiums und vieler Blockbuster-Produktionen aus Wellywood. Eine Tour durch **Window into Workshop** (s. S. 57) wird von den Künstlern vom Weta Workshop selbst geführt. Von Requisiten bis hin zu Merchandise, für Filmfans ist dieser magische Ort absolutes Pflichtprogramm.

Kunstgalerien

- 81 [C3] **Academy of Fine Arts,** 1 Queens Wharf, Tel. 4998807, www.nzafa.com, geöffnet: tägl. 10–17 Uhr, Eintritt: frei. Die Academy of Fine Arts ist in einem wunderschönen historischen Gebäude an der Queens Wharf beheimatet und besteht aus drei Galerien, in denen wechselnde Kunstausstellungen stattfinden. Seit 1882 wird die Galerie als gemeinnütziger Verein von Künstlern für Künstler geführt und bietet aufstrebenden Newcomern wie etablierten Künstlern des Landes die Möglichkeit, ihre Werke – meist Gemälde und Fotografien – der Öffentlichkeit zu präsentieren.

- 82 [A4] **Adam Art Gallery,** Gate 3, Victoria University, Kelburn Parade, die Buslinien 17, 18, 22 und 23 halten am Kelburn Campus, Tel. 4635229, www.adamartgallery.org.nz, geöffnet: Di.–So. 11–17 Uhr, Eintritt: frei. Die universitätseigene Galerie initiiert, produziert und präsentiert hochkarätige Ausstellungen und Publikationen der Universitätssammlung und bietet so eine lebendige Plattform für kritisches Denken, Kultur und Kontext. Die Ausstellungsräume sind jedoch nicht nur für die Studenten, sondern auch für ein allgemeines Publikum gedacht. Ein Blick ins aktuelle Programm auf der Website lohnt sich immer.

- 🔟 [C4] **City Gallery.** Die City Gallery hat in Wellington eine starke kulturelle Präsenz. Hier bekommt man innovative Stile zu sehen, für das Publikum inspirierend und herausfordernd zugleich. Die wechselnden Ausstellungen haben Weltklasse und beinhalten sowohl traditionelle Malkunst wie auch moderne Kunstobjekte. Wichtige Standbeine der City Galerie sind zeitgenössische bildende Kunst sowie Design und Architektur. Zudem unterhält die Galerie zahlreiche Austauschprojekte mit anderen renommierten internationalen Kunstmuseen.

- 84 [C3] **New Zealand Portrait Gallery,** Shed 11, Customhouse Quay gegenüber Johnston Street, Waterfront, Tel. 4722298, www.nzportraitgallery.org.nz, geöffnet: tägl. 10.30–16.20 Uhr, Eintritt: frei für die meisten Ausstellungen. Die Portrait Gallery hat sich zum Ziel gesetzt,

Die City Gallery: ein modernes Gebäude für moderne Kunst

Wellington für Kunst- und Museumsfreunde

Monument „Paddy the Wanderer"

Vor der Academy of Fine Arts (s. S. 38), gegenüber dem Museum of Wellington City & Sea ❶, befindet sich ein Steinmonument von Paddy the Wanderer. Der kleine Airedaleterrier Dash lebte während der Zeit der großen Wirtschaftskrise im 20. Jahrhundert am Wellingtoner Hafenbecken. Einst gehörte er Elsie, der Tochter der Familie Gardener aus Wellington. Doch als das Mädchen an einer Lungenentzündung starb, lief der Hund weg und streunte im Hafen herum. Die Stadt gab ihm den Spitznamen Paddy the Wanderer.

Manchmal ging er an Bord von Frachtschiffen und kreuzte so mehrfach die Tasmanische See. Manche munkeln, dass der Airedaleterrier sogar bis nach San Francisco gereist sein soll, doch Paddy kam jedes Mal zurück, Wellington war seine Heimat. So adoptierte das Wellington Harbour Board den kleinen Streuner kurzerhand und stellte ihn offiziell als Wachhund ein, sollte er doch Piraten, Schmuggler und Ungeziefer ausfindig machen. In einer der drei Biografien über Paddy, die später verfasst wurden, wird sogar berichtet, dass eifersüchtige Bürger aus Auckland ohne Erfolg versucht haben sollen, Paddy zu kidnappen. Er wurde zum treuen Begleiter vieler Hafenarbeiter, begrüßte zurückkehrende Seefahrer und wurde von den Taxifahrern verwöhnt. Paddy war extrem intelligent, wusste die Ampelschaltung zu verstehen und kreuzte die Straßen niemals bei Rot. Über 12 Jahre fristete der rötliche Terrier sein Dasein im Hafen, bis er eines Tages krank wurde. Als Paddy am 17. Juli 1939 nach einer Frostnacht im Lagerhaus Nummer 1 starb, trauerte die Stadt um ihren Hafenhund. Eine Parade aus zwölf Taxis wurde von einem Verkehrspolizisten geführt, Hunderte von Seemännern standen Spalier und brachten die Stadt für Minuten zum Stillstand. Die Beerdigungszeremonie für Paddy war nicht überzogen, die Bürger trauerten tatsächlich um ihren kleinen vierbeinigen Freund. 1945 hatte der städtische Tierschutz mit der Unterstützung vieler Bürger genügend Geld, um Paddy am Hafenbecken an der Queens Wharf ein Monument zu errichten. Teile der Statue enthalten Originalsteine aus der Londoner Waterloo Bridge, die im Ersten Weltkrieg zerbombt wurde. Die Statue mit Trinkfontäne für Menschen und steinernem Wassernapf für Hunde soll heute noch an den berühmten und allseits geliebten Airedaleterrier Paddy erinnern.
❯ 1 Queens Wharf

Neuseelands Bürger zu porträtieren und zu präsentieren. Ob aus kulturellem oder politischem Blickwinkel, ob Maori oder Pākehā (Weiße), Neuseeländer aus den unterschiedlichsten Bereichen haben die Entwicklung des Landes geprägt und beeinflusst. Die immer größer werdende Bildersammlung bietet Einblicke in das Land und die Menschen Aotearoas.

Kunst unter freiem Himmel

In Wellington verbergen sich überall moderne, historische und architektonische Kunstwerke, die es lohnen, entdeckt zu werden. Die Tourismusbehörde hat für deren Erkundung auf eigene Faust kostenfreie Tourbroschüren (gibt es im i-Site, s. S. 108)

Wellington für Kunst- und Museumsfreunde

mit hervorragendem Fotomaterial und vielen Hintergrundinformationen herausgebracht. Die sogenannten „Walks" oder „Trails" wurden für die unterschiedlichsten Interessensgebiete konzipiert und die jeweiligen Broschüren enthalten Kartenmaterial und eine Beschreibung der entsprechenden Wegstrecke, auf der die Kunstobjekte oder Architekturhighlights zu finden sind. Zeitangaben helfen, die Route besser zu planen.

› Ein eigener **Wind Walk** wurde den vielen modernen Windstatuen der „Windy City" gewidmet. Entlang der Küste stehen immer wieder bunte Objekte, die zum Teil auf verblüffende Weise vom Wind bewegt werden oder die Windrichtung anzeigen.

› Für Kunstfreunde gibt es auf der Halbinsel Miramar den speziell eingerichteten **Arts Trail.** Hier findet man unzählige Künstler, die ihre Gemälde, Skulpturen oder Keramiken in den anliegenden Workshops herstellen. Die gleichnamige Broschüre enthält alle wichtigen Details wie Adressen, Telefonnummern und jeweils eine Kurzbeschreibung. Eine telefonische Voranmeldung wird in vielen Fällen empfohlen.

› Architekturliebhaber sollten sich den **Art Deco Heritage Trail** näher ansehen. Er kann in der Innenstadt zu Fuß abgelaufen werden und mit Hilfe der Infobroschüre werden die architektonische Entwicklung vieler Bauwerke und Stilrichtungen erklärt und Einblicke in die Geschichte und somit die internationalen Einflüsse des 20. Jh. vermittelt, welche die Bauweise verändert haben. Historische Fotografien und Hintergrundinformationen zu den Bauwerken liefern interessante Einblicke in die Baugeschichte Wellingtons – vom viktorianischen Stil über Art déco bis hin zum Klassizismus.

› **Sculpture Walk:** Wellingtons Kunstszene ist leibhaftig auf der Straße zu spüren und zu sehen. Alleine die Innenstadt beherbergt mehr als 50 verschiedene Skulpturen. Von historisch bis modern finden Kunstfreunde hier die erstaunlichsten Kreationen, Hintergründe zu ihren Machern und Anekdoten zu ihrer Entstehung. **Wellington Sculptures** bietet sechs unterschiedliche Touren an, die jeweils online beschrieben sind. Mit einem Smartphone, Tablet oder Laptop können die Touren unentgeltlich über das kostenlose WiFi im Innenstadtbereich heruntergeladen werden. GPS-Daten und Karten beschreiben die Route und neben Hintergrundtexten kann man sogar per Audio-Kommentar begleitet werden. www.sculptures.org.nz/tours

◁ *Solace in the Wind* ❸ *ist die wohl beliebteste Statue der Wellingtonians*

▷ *Der Mount Victoria Lookout* ㉟ *bietet eine beeindruckende 360-Grad-Rundumperspektive*

Wellington zum Träumen und Entspannen

Wellington ist im Gegensatz zu anderen Hauptstädten der Welt ungewöhnlich grün. Die Bürger lieben ihre sauber gemähten Rasenflächen zum Picknicken in der Mittagspause, Entspannen nach einem Einkaufsbummel oder einfach nur, um Sport zu treiben oder ein gutes Buch zu lesen. Unzählige kleine Parks und Anlagen laden zur Verschnaufpause, zur besonderen Aussicht mit Bank oder mit einem Picknicktisch ein. Nicht nur entlang der Waterfront ❶, sondern auch mitten im Central Business District (CBD) gibt es saubere Grünflächen und unzählige gemütliche Plätze für Tagträumer:

- ❷❶ [A3] **Botanic Gardens.** Der am Hang gelegene, wunderschön angelegte Park bietet Ruhe, Aussicht und Natur zugleich und ist direkt vom Zentrum aus bequem per Cable Car ❷⓿ erreichbar.
- ★85 [C4] **Frank Kitts Park.** Direkt an Wellingtons Waterfront ❶ liegt der Park, der nicht nur einen Abenteuerspielplatz für Kinder bereithält, sondern auch schattige Plätze und Rasenflächen zum Picknicken. Wer sich vorher noch einen Kaffee oder ein Eis kaufen möchte, das Café Kaffee Eis – Filiale 2 (s. S. 31) liegt direkt um die Ecke. Von hier aus kann man zudem das quirlige Hafenleben, den Hubschrauberlandeplatz und die Fähren beobachten.
- ★86 [C2] **Midland Park.** Der Park befindet sich direkt im Regierungsviertel an der lebhaften Einkaufsstraße Lambton Quay ⓱. Wer den Kiwi-Lifestyle hautnah erleben möchte, sollte sich hier zur Mittagszeit einfinden. Mit einem Snack aus dem ansässigen Café Astoria als Picknick ausgestattet, lassen sich die Businessleute gemütlich auf der Wiese nieder, um ihre Mittagspause zu genießen.
- ㉝ [F6] **Mount Victoria Park.** Wer sich am Rande des Courtenay Place ㉛ auf den kurzen Fußmarsch den Berg hinauf in Richtung Mount Victoria begibt, wird die kleine Strapaze mit Sicherheit nicht bereuen. Abgeschirmt vom Stadtleben ist der bewaldete Naturpark der ideale Naherholungsort für viele Wellingtonians. Ob Sportler oder Ruhesuchende, hier vergisst man unter Garantie, dass man sich mitten in Wellington befindet – außer man steht an einem der unzähligen fantastischen Aussichtsplätze.
- ★88 [F5] **Oriental Bay.** Der beliebte Stadtstrand Wellingtons lädt mit seinem feinen, weißen Sand nicht nur Beachvolleyballer und Erholungssuchende ein, sondern bringt Badespaß und Abkühlung an heißen Sommertagen. Nach nur wenigen Gehminuten entlang der Oriental Parade an der Waterfront ❶ ist man raus aus der Geschäftsstraße und direkt am Wasser. Wer hier hungrig eintrifft, kann sich in einem der nahen Cafés versorgen.

Zur richtigen Zeit am richtigen Ort

An Veranstaltungen mangelt es in Wellington sicher nicht, oft fällt die Entscheidung besonders in den Sommermonaten schwer, für welches Highlight man sich entscheiden soll. In der Broschüre „Wellington – The Official Visitor Guide" gibt es eine eigene Kategorie für „Events". Das Heft ist prall gefüllt mit allen wichtigen Informationen, wird jedes Jahr neu aufgelegt und ist wie auch der Jasons Guide „Wellington What's on" kostenfrei im i-Site (s. S. 108) am Civic Square erhältlich. Wer schon vorab im Internet nachsehen möchte, findet weitere Events unter:

> www.wellingtonNZ.com, www.events.nz.com (neuseelandweite Suche per Datumseingabe), www.jasons.co.nz/ebooks/wellington-whats-on

Frühling (September–November)

> Die **World of Wearable Art** findet jedes Jahr von Ende September bis Anfang Oktober in Wellingtons TSB Arena (s. S. 36) statt. Das fantastische Kunstspektakel, bei dem internationale Designer ihre ausgefallensten Kreationen als „Kunst zum Anziehen" inszenieren, ist eine Moden-, Tanz- und Theatershow gleichermaßen. http://worldofwearableart.com

> Beim **Wellington Spring Festival** begrüßen die Bürger im Botanischen Garten ㉑ mit verschiedenen Veranstaltungen von Ende September bis Anfang Oktober den Frühling.

> Die **Wellington Sky Show** bietet ein gigantisches Feuerwerk an der Waterfront ❶, welches von Schiffen vor der Küste abgefeuert wird. Anlässlich des **Gay Fawkes Day** wird am 5. November der Himmel rund eine Viertelstunde lang in ein Meer aus Lichtern, Glitzer und Funken verwandelt. An Silvester allerdings kennt man in Wellington kein klassisches Feuerwerk.

> Das **Toast Martinborough Wein Festival** ist ein Muss für alle Weinliebhaber. Mitte November steht der kleine Weinort in der Region Wairarapa ㊽ nördlich von Wellington Kopf. www.toastmartinborough.co.nz

Sommer (Dezember–Februar)

> Wer wirklich einmal staunen und Kopfschütteln zugleich möchte, darf die **Santa Parade** Anfang Dezember durch die Innenstadt nicht verpassen. Ähnlich einem Karnevalsumzug ziehen Santa und Konsorten zu Lautsprechermusik durch die Straßen.

> Das **Wellington Summer City Festival** findet in Form vielfältigster Events vom 31. Dezember bis zum 31. März statt. Kunst- und Musikveranstaltungen, Sport, Theater, Filmvorführungen, das Dragon Boat Festival – den gesamten Sommer über jagt in der City ein Event das nächste. Ein kostenloser Kalender im praktischen Taschenformat liegt überall zum Mitnehmen aus.

> Das **New Zealand International Arts Festival** findet alle zwei Jahre Mitte Februar bis Mitte März mit über 300 Events in den unterschiedlichsten Veranstaltungshäusern und Parks statt und ist Neuseelands größte Kunstveranstaltung. http://festival.co.nz

> *Die Rugby Sevens - Verkleidungskult, Sportevent und Straßenparty in einem*

Auf ins Vergnügen
Zur richtigen Zeit am richtigen Ort

- An der Waterfront ❶ finden zu Silvester die **Wellington New Year's Eve Celebrations** statt. Auch wenn es meist kein Feuerwerk gibt, wird hier für Partygänger bei sommerlichen Temperaturen einiges geboten.
- Selbst für unbedarfte Rugby-Zuschauer ist dieses Spektakel ein wahres Erlebnis: Für gut 24 Stunden verwandelt sich Wellington bei den **Rugby Sevens** am ersten Februarwochenende in eine Partymeile aus maskierten feiernden Sportfans. Die Rugby-Spiele unter besonderen Regeln im Westpac Stadium am Waterloo Quay sind schon viele Monate im Voraus ausgebucht. www.sevens.co.nz
- Am ersten Wochenende im Februar rüstet der kleine Weinort in der Wairarapa Region ❽ zur Kirmes auf. Die **Martinborough Fair** ist ein beliebtes Familien-Event für Alt und Jung. Wer hier stöbert, findet garantiert einige Schätze. www.martinboroughfair.org.nz
- Beim **Wellington Fringe Festival** steht alles im Zeichen von Kunst, Drama und Musik. Von Mitte Februar bis Anfang März finden hierzu die vielfältigsten Veranstaltungen für viele Geschmäcker statt. www.fringe.co.nz
- Hier wird die multikulturelle Bevölkerung des Landes einmal mehr deutlich. Wer sich für die asiatische Kultur interessiert, ist beim **Chinese New Year Festival** am vorletzten Wochenende im Februar an der Waterfront ❶ richtig. www.chinesenewyear.org.nz

Herbst (März–Mai)

- Die neuseeländische Musikszene bringt unzählige große Talente hervor. Sie alle treten jedes Jahr Anfang März in Wellington beim **Homegrown Music Festival** an der Waterfront ❶ auf. http://homegrown.net.nz
- Neuseeland hat viele kleine Designer-Label, deren Produkte – mal schräg mal stylisch – in den vielen bunten Shops der Stadt zum Kauf angeboten werden. Pflichttermin für die In-Modeszene ist

Zur richtigen Zeit am richtigen Ort

das jährliche Treffen Anfang April zur **Wellington Fashion Week,** wo die neuesten Kollektionen und Trends vorgestellt werden. www.wfweek.co.nz

› Die **Food Show Wellington** Ende Mai ist Bestandteil des nationalen Gourmet-Spektakels, welches mit Gaumenfreuden und edlen Tropfen zelebriert wird. www.foodshow.co.nz

Winter (Juni–August)

› Wer Basteleien liebt, ist beim **Handmade Festival** Anfang Juni richtig, denn hier gibt es neben Kunstmärkten viele Workshops zu Themen wie beispielsweise Kochen, Papier- oder Spielzeugherstellung. www.handmadenz.co.nz

› Die polynesischen Ureinwohner Neuseelands feiern ein ganz eigenes Silvester. **Matariki** heißt das Neujahrsfest der Maori, welches meist vom 10. Juni bis 7. Juli gefeiert wird. Dann stehen Sonderveranstaltungen im Te Papa Tongarewa ❷ und dem Carter Observatory ㉒ auf dem Programm.

› Ein Gourmet-Festival der Extraklasse, welches jedes Jahr immer neue Ideen rund um Essen und Trinken ins Programm aufnimmt, ist **Wellington on a Plate.** Dann steht die Gastronomie- und Barszene Mitte August zwei Wochen lang Kopf und vom 1980er-Jahre-Dinner bis zum „Pest Control"-Essen steht Außergewöhnliches auf der Speisekarte. www.wellingtononaplate.com

Staatliche Feiertage in Wellington

› **New Year's Day,** Neujahrstag, 1. Januar
› **Day after New Year's Day,** 2. Januar
› **Wellington Day,** ein regionaler Feiertag, der in den Städten in Neuseeland überall auf andere Tage fällt. In Wellington findet er am Montag um den 22. Januar statt.
› **Waitangi Day,** 6. Februar. Man feiert den Treaty of Waitangi, den Friedensvertrag zwischen der britischen Krone und Maori-Häuptlingen, welcher 1840 im Northland in Waitangi unterzeichnet wurde.
› **Good Friday,** Karfreitag
› **Easter Monday,** Ostermontag
› **ANZAC Day,** 25. April. ANZAC bedeutet Australian New Zealand Army Corps. Man gedenkt hier der australischen und neuseeländischen Soldaten, welche in den beiden Weltkriegen an der Seite Englands kämpften.
› **Queen's Birthday,** erster Montag im Juni. Obwohl der tatsächliche Geburtstag von Queen Elizabeth II. am 21. April ist, feiern viele ehemaligen Kolonien den Geburtstag der Queen im Juni.
› **Labour Day,** vierter Montag im Oktober, Tag der Arbeit
› **Christmas Day,** Weihnachten, 25. Dezember. In Neuseeland feiert man wie in Amerika Weihnachten mit Santa Claus am 25. Dezember.
› **Boxing Day,** 2. Weihnachtsfeiertag, 26. Dezember

Am Puls der Stadt

Das Antlitz Wellingtons

Die Bürger verwenden gerne das Sprichwort „You can't beat Wellington on a sunny day!", was soviel bedeutet wie „Wenn die Sonne scheint, ist Wellington ungeschlagen". Und da ist durchaus etwas dran. Wenn das Wasser glitzert wie ein Meer aus tausend funkelnden Sternen, die unzähligen Hügel als grüner Kontrast hinter den türkisblauen Buchten aufragen und die Lebenslust und Freude der entspannten, offenen Bewohner in der Luft liegt, wird man wahrlich angesteckt vom Kiwi-Lifestyle. Wer dann bei einer guten Tasse Kaffee oder einem Eis am Hafen sitzt und einfach nur das Leben genießt, kann einem weiteren gerne benutzten Spruch der Wellingtonians garantiert beipflichten: „That's the life".

◁ *250.000 Fans feiern die Weltpremiere des Hobbit-Films „Eine unerwartete Reise" am Courtenay Place* ③①

▽ *Spektakulärer Blick über die Wellingtoner Bucht*

Wellington liegt am äußersten südwestlichen Ende der Nordinsel Neuseelands. Eingebettet zwischen der Cook Strait, der Meerenge zwischen Nord- und Südinsel, und den Rimutaka Ranges, der Bergkette im Norden, erstreckt sich die südlichste Hauptstadt der Welt entlang des idyllischen Hafenbeckens. Die unzähligen Hügel, Täler und Buchten erinnern im Makroblick an kleine Fjorde. Waghalsig an die Hänge gebaut reihen sich kleine Siedlerhäuser und Villen im Kolonialstil wie Vogelnester an die immergrünen steilen Hänge. Im Gegensatz zu vielen anderen Städten Neuseelands ist der Wohnraum aufgrund der geografischen Lage auf der Halbinsel und der geringen Landmasse zwischen Bergen und Meer begrenzt und dementsprechend eng. Die Stadt wuchs so um das gesamte Hafenbecken, den Wellington Harbour herum, ebenso wie gen Norden und Westen. Dies führte zur raschen Entwicklung der vielen Vororte in

Am Puls der Stadt
Das Antlitz Wellingtons

Richtung Nordwesten nach Porirua und entlang der Kapiti Coast sowie gen Norden in das Hutt Valley.

Wellington ist die am weitesten abgelegene Hauptstadt der Welt, keine andere hat eine derart große Entfernung zur nächsten Hauptstadt. Doch dies scheint weder Politik noch Handel oder Tourismus negativ zu beeinflussen. Mehr als in anderen Städten findet das Leben in Wellington seinen Motor in der Innenstadt. Rund 62.000 Menschen arbeiten im **Central Business District (CBD)**, nur 4000 weniger als beispielsweise in Aucklands Innenstadt, welche mit einer Gesamteinwohnerzahl von über 1,2 Millionen jedoch viel größer ist als Wellington. Doch auch nach Geschäfts- und Büroschluss steht die Innenstadt nicht still. Kulturelle Veranstaltungen, die ausgeprägte Gastronomie- und Barszene sowie das lebensfrohe Ausgehverhalten der finanziell oft gut gestellten Bürger beleben die Stadt rund um die Uhr und machen vor allem **Te Aro** zum größten Vergnügungsviertel Neuseelands.

Die **ungewöhnliche Architektur** gibt der drittgrößten Stadt des Landes ihr ganz eigenes Gesicht. Neben kleinen Kolonialhäusern am Rande der Innenstadt reihen sich viktorianische Bürogebäude neben moderne, verspiegelte Hochhäuserfronten. Art déco und Klassizismus neben modernen Linien gilt hier keineswegs als Stilbruch, sondern als Komposition eines ganz speziellen eigenen Images. Die Wohngebiete entlang der Buchten und in den Hügeln hinter dem Zentrum spiegeln dieses Image im kleinen Umfang wider. Alte Siedlercottages, ehemalige Ferienhäuschen, die zu Wohnhäusern erweitert wurden, und moderne Einfamiliengebäude stehen ohne Scham direkt nebeneinander. Viele Häuser bieten fantastische Ausblicke auf die grünen Hügel und das geschützte Hafenbecken. Wellington ist unter Garantie kein betoniertes Pflaster. Unzählige grüne **Stadtparks und Wälder** sowie auch einige regionale Nationalparks machen eine Fläche von über 500 km² aus. Die drei **Hafeninseln** Somes, Ward und Mokopu-

023we Abb.: pwt

na Island sind zudem wunderbar grüne Naturschätze.

Wellington ist das **politische Zentrum Neuseelands** und Hauptsitz der Regierung. Viele Länder unterhalten hier ihre diplomatischen Vertretungen. Wellington ist überaus beliebt, für Besucher attraktiv und wird zudem von der örtlichen Tourismusbehörde als *„coolest little capital"* vermarktet.

Von den Anfängen bis zur Gegenwart

Wellington erhielt seinen Namen zu Ehren Arthur Wellesleys (1769–1852), dem ersten Duke der britischen Stadt Wellington und Sieger der Schlacht von Waterloo (1815). Die englische Stadt Wellington liegt im Regierungsbezirk Somerset. Nach zahlreichen gewonnenen Schlachten entschied sich die New Zealand Company, zu Ehren des erfolgreichen Kriegsführers und Politikers eine Stadt in der neuen britischen Kolonie Neuseeland nach dem Großherzogtum des Helden zu benennen.

Doch noch weit vor der Ankunft der ersten britischen Siedler lebten bereits die sogenannten Ureinwohner, zugewanderte Polynesier, heute als Maori bekannt, in den Buchten der Halbinsel. Sie kannten die Siedlung unter drei Namen: *Te Whanga-nui-a-Tara*, was soviel bedeutet wie „der große Hafen von Tara". Auch *Pōneke* ist einer der gebräuchlichen Namen, zurückzuführen auf eine übersetzte Kurzform von Port Nicholson. Der wohl gängigste Begriff ist jedoch *Te Upoko-o-te-Ika-a Māui*. Übersetzt heißt das „Der Kopf des Fisches von Māui". Dieser traditionelle Name für den südlichsten Teil der Nordinsel stammt aus einer Legende über den Halbgott Māui, der mit seinem *Waka*, einem Holzkanu, Angeln ging. Als großen Fisch zog er dann die Nordinsel aus dem Wasser, *Te Ika-a-Māui*, den Fisch von Māui. Sein *Waka*, Kanu, wurde zur Südinsel, *Te Waka-a-Māui*.

Die Stadt in Zahlen

> **Gegründet:** 1840
> **Einwohner:** Wellington City hat rund 205.000 Einwohner, die Region insgesamt knapp 400.000.
> **Bevölkerungsdichte der Region:** 890/km²
> **Fläche der Stadt:** 444 km²
> **Fläche des zugehörigen Umlandes:** 1390 km²
> **Höhe ü. M.:** 0 m – 454 m (Mt Kaukau im Stadtteil Kandallah)
> **Stadtbezirke:** Wellington City hat 60 Stadtteile
> **Regionen:** Wellington City, Porirua, Lower Hutt, Upper Hutt
> **erweiterte Region:** umfasst die Kapiti Coast und die Wairarapa Region jenseits der Rimutaka Ranges

10 Jh.: Einer Legende zufolge entdeckte der Maori Kupe (s. S. 63) die Region um die heutige Stadt und ließ sich bereits im 10. Jh. in Wellington nieder. Er galt als einer der großen Häuptlinge vom Mutterland Hawaiki, welcher **925 nach Christus** Neuseeland entdeckte. Anderen Überlieferungen zufolge kam er **im Jahr 1400** mit weiteren siedlungswilligen Maori nach Neuseeland.

1773: Captain James Cook lief in den Wellingtoner Hafen ein. Erst **1828** wurde die Region erneut angesteuert – von Captain Herd, der sie nach dem Hafenmeister von Port Jackson in New South Wales, Port Nicholson benannte.

Am Puls der Stadt
Von den Anfängen bis zur Gegenwart

1837: Die New Zealand Company wurde in London gegründet und damit beauftragt, die systematische Kolonialisierung Neuseelands voranzutreiben.

20.9.1839: Die Ankunft der ersten Expeditionsflotte der New Zealand Company zur Landbesiedlung traf aus England auf dem Schiff Tory ein. Mit Hilfe des Walfängers Dicky Barrett, welcher gute Kontakte zu den ansässigen Maori pflegte und teilweise ihre Sprache verstand, begann der Commander William Wakefield damit, den Maori Land abzukaufen. Seine Zahlungsmittel bestanden unter anderem aus Eisentöpfen, Seife, Gewehren, Äxten, Angelhaken, Kleidungsstücken, Bleistiften und Regenschirmen.

22.1.1840: Die ersten angeheuerten 150 Siedler aus Europa landeten an Bord der Aurora im Hafen von Wellington. Sie bauten sich ihre ersten Häuser im heutigen Vorort Petone ⑮, damals Britannia genannt, die Gegend um die Flussmündung des Hutt River. Allerdings stellte sich das Areal als ungünstiges Bauland heraus, war von Fluten bedroht, extremen Wettersituationen ausgeliefert und glich einem Sumpfgebiet.

6.2.1840: Unterzeichnung des Treaty of Waitangi, der nach zahlreichen Kriegen und Auseinandersetzungen friedvolles Zusammenleben zwischen den Siedlern und den Maori sichern sollte. Er wurde von Vertretern der britischen Krone und vielen Maori-Häuptlingen unterzeichnet.

1840 erfolgte die offizielle Stadtgründung Wellingtons.

April 1840: Die Siedler zogen nach einer Abstimmung zum Lambton Harbour um. Diese Bucht hatte weniger Wind- und Gezeiteneinflüsse und war gut geeignet, um Werften zu bauen. Die erste Häuseransammlung nannten sie **Pipitea**. Dieses Areal gehört heute zum Stadtteil Thorndon. Zur Errichtung der neuen Stadt in Neuseeland wurden bereits im Heimatland England Pläne gezeichnet. In mehreren Fehlüberlieferungen hatte man jedoch mitgeteilt, dass Wellington eine Region aus weiten Ebenen sei. So zeigten die Pläne akkurate Parallelstraßen, Parks und Friedhofsanlagen, die jedoch aufgrund der tatsächlich hügeligen Topografie, mitten im Sumpf oder an unzugänglichen steilen Hängen lagen. Die Pläne wurden, soweit es möglich war, umgesetzt und es wurde vielerorts improvisiert. Zudem kam es schon bald zu Auseinandersetzungen mit den ansässigen Maori.

1841: Auckland wurde zur Landeshauptstadt Neuseelands erkoren.

1848: Ein Erdbeben in den Marlborough Sounds zerstörte viele Gebäude in Wellington.

1853: Die ersten Wahlen in Neuseeland fanden statt. Wahlberechtigt waren nur Männer die entweder britischer Abstammung waren oder entsprechend Grundstücke und Geld besaßen.

1855: Ein massives Erdbeben in der Cook Strait und der Wairarapa hob viele Stadtteile, das Hafenareal sowie das Hutt Valley aus dem Wasser an. Der Lambton Quay befand sich nun 200 Meter von der heutigen Küstenlinie entfernt. Als Folge des Bebens wurde beim Häuserbau von Stein- auf Holzständerbauweise umgestellt.

7.7.1862: Das Parlament traf sich zum ersten Mal temporär in Wellington.

November 1863: Der damalige Premierminister Alfred Dornett legte im Parlament den Beschluss vor, den offiziellen Regierungssitz in die Nähe der Cook Strait zu verlegen. Während dieser Zeit war die Südinsel aufgrund des Goldrausches stärker besiedelt als der Norden. Man lud verschiedene Kommissionen aus Australien ein, die mit unabhängiger Meinung klärten, Wellington wäre aufgrund seiner zentralen Lage und seines Hafens der perfekte Ort für den Regierungssitz Neuseelands.

Am Puls der Stadt
Von den Anfängen bis zur Gegenwart

26.7.1865: Wellington rang Auckland offiziell den Titel als Hauptstadt ab und wurde neuer Regierungssitz. In Wellington, dessen Bevölkerung zu dieser Zeit gerade einmal 4900 Bürger zählte, fand erstmals eine Parlamentssitzung statt,.

1893: Nach Aufständen und großer Lobbyarbeit von Frauenorganisationen für mehr Rechte gelang es, eine Petition mit knapp 32.000 Unterschriften einzureichen und so per Abstimmungsverfahren der Politiker das Frauenwahlrecht durch das Unterhaus zu bekommen. Im September 1893 wurde Neuseeland das erste Land der Welt, in dem Frauen das Wahlrecht bekamen. Gleichzeitig setzten die Frauen mit ihrem Antrag eine staatlich verordnete Regulierung für Alkohol durch.

13.10.1896: In Neuseeland wurde der erste Kinofilm gezeigt.

1914–1918: Neuseeland kämpfte an der Seite des Mutterlandes England im Ersten Weltkrieg. 18.500 Neuseeländer ließen ihr Leben, mehr als 41.000 wurden verwundet, viele davon in Gallipoli im Kampf gegen die deutsche Fallschirmbrigade.

1920: Der ANZAC Day wird etabliert (s. S. 44). Das erste Flugzeug überquert die Cook Strait.

1938: Joseph Savage (Premierminister 1935–1940) stand an der Spitze der ersten Labour-Regierung des Landes und führte Neuseeland aus dem Konjunkturtief. Sozialer Wohnungsbau, kostenfreie Schulbildung und Zahnvorsorge standen auf dem Programm, ebenso wie der Aufbau einer eigenständigen, unabhängigen Wirtschaft. Zwischen 1940 und 1950 galt Neuseeland dann als das Land mit dem höchsten Lebensstandard der Welt.

1939–1945: Neuseeland kämpfte unter anderem mit seinem Maori-Bataillon im Zweiten Weltkrieg an der Seite von England. Viele Militärstützpunkte in den Häfen Neuseelands wurden errichtet. Nach Pearl Harbor hatte man Angst vor einem Angriff der Japaner auf Neuseeland. Am 14. Juni landete die erste amerikanische Marinedivision in Wellington, um den Neuseeländern bei der möglichen Verteidigung zu helfen.

1945: Neuseeland unterzeichnete die Charta der Vereinten Nationen.

1.1.1949: Die Neuseeländer feierten die Unabhängigkeit von Großbritannien.

1953: Edmund Hillary bestieg mit dem Sherpa Tenzing Norgay als erster Mensch den Mount Everest.

1968: Bei der größten Schiffskatastrophe Wellingtons sank die Interislander-Fähre TEV Wahine im schweren Sturm im Hafenbecken und forderte 51 Menschenleben.

10.7.1985: Neuseeland bekannte sich zu einer Anti-Nuklear-Politik. Landesweit kam es zu Protesten gegen die Atomtests der Franzosen, Amerikaner und Briten im Südpazifik. Mit dem Bombenanschlag des französischen Geheimdienstes auf das Greenpeace-Schiff Rainbow Warrior in Auckland sank das Vertrauen der Neuseeländer zum britischen Königreich und das Zugehörigkeitsgefühl zu England nahm drastisch ab. Ein starker Abnabelungsprozess begann und Neuseeland entwickelte seine ganz eigene Identität und seinen Nationalstolz.

1987: Te Reo Maori wurde offiziell neben Englisch als Amtssprache anerkannt. Neuseeland wurde offiziell atomfrei. Das neuseeländische Team gewann die Rugby-Weltmeisterschaft, Wellington stand Kopf.

2003: Die Gesamtbevölkerung Neuseelands wuchs auf über 4 Millionen.

23.10.2011: Neuseeland gewann zum zweiten Mal den Rugby-Weltcup gegen Frankreich.

19.8.2013: Die gleichgeschlechtliche Ehe wurde in Neuseeland als erstem Land im Pazifik legalisiert.

Am Puls der Stadt
Leben in der Stadt

EXTRATIPP

National Archives New Zealand

Viele geschichtliche Ereignisse sind in Ausstellungen im Te Papa ❷, im Colonial Cottage Museum (s. S. 37) sowie im Museum of Wellington City & Sea ❶ festgehalten. Die wichtigsten Artefakte befinden sich jedoch in den National Archives im Stadtteil Thorndon. Im öffentlich zugänglichen Archiv werden beispielsweise der Treaty of Waitangi, der Originalvertrag, der 1840 zwischen Maori und Siedlern geschlossen wurde aufbewahrt sowie die Unabhängigkeitserklärung Neuseelands oder die Women's Suffrage Petition von 1893, welche zum ersten Frauenwahlrecht der Welt führte. Mithilfe von Broschüren und Infotafeln können sich Geschichtsinteressierte während der Öffnungszeiten selbst umsehen.

🏛 89 [D1] **National Archives New Zealand,** 10 Mulgrave Street, Thorndon, Tel. 4995595, http://archives.govt.nz, Eintritt: frei, geöffnet: Mo.–Fr. 9–17 Uhr

Leben in der Stadt

Wellington ist ein multikultureller, aktiver und unkomplizierter Ort, an dem das Geschäftemachen und frisches, innovatives Denken ohne eingefahrene Regularien und Vorschriften möglich sind. Kiwis reisen selbst gerne, entdecken die Welt und interessieren sich für andere Länder und Kulturen. Die Toleranz der Einwohner ist beeindruckend und das Interesse am Rest der Welt größer denn je. Touristen werden deshalb nicht mit offenen Kassen, sondern wirklich mit offenen Armen empfangen. Die geografische Distanz zu den meisten Wirtschaftsnationen scheint im Zeitalter moderner Technologien eine immer kleinere Rolle zu spielen.

Früher war Wellington durch seine zentrale Lage in Neuseeland Standort der Hauptfirmensitze vieler Wirtschaftszweige wie Finanzsektor und Schwerindustrie. Heute sind viele Headquarters in die Millionenmetropole Auckland umgezogen. Haupteinnahmequellen für die regionale Wirtschaft sind nun der **Tourismus,** Kunst und Kultur, Film und der Informations- und Technologiesektor geworden. Seit 2010 konnte die City einen Gästezuwachs von rund 60% verzeichnen, das sind gesamt 540.000 internationale Touristen pro Jahr. Rund $ 1,3 Milliarden der jährlichen Einnahmen werden heute durch den Tourismus erzielt, der rund 9% der Arbeitsplätze in der Region schafft. Auch der Kreuzfahrttourismus in die Hauptstadt nimmt stetig zu. Mittlerweile legen pro Jahr über 80 Luxusdampfer im Kreuzfahrtterminal im Hafen von Wellington an und spülen so alleine rund $ 31 Millionen in die regionalen Kassen.

In den typischen Apartments im Central Business District der Stadt leben überwiegend junge Leute und Regierungsmitarbeiter. Meist haben die Singles und Paare zwischen 24 und 35 Jahren eine professionelle Anstellung im Zentrum. Die anderen Stadtteile wie auch die Vororte sind vorwiegend mit **Einfamilienhäusern** bebaut, die gesamt rund 67% aller Bauten der Region ausmachen. Vor allem Familien entscheiden sich für das Investment in ein eigenes Heim.

Das Eisenbahnnetz und Buslinien verbinden die Vororte *(suburbs)* mit der City. Ausdruck des „Kiwi way of life" ist sicherlich, mit so außerge-

Leben in der Stadt

wöhnlichen **Transportmitteln** wie der Hafenfähre oder einem Cable Car jeden Morgen zur Arbeit zu fahren.

Im Gegensatz zu anderen Städten Neuseelands liegt das durchschnittliche **Einkommen der Bürger** hier etwas höher. Die sozial Schwächeren drängen sich jedoch nicht in ein bestimmten Viertel. In nahezu jedem Stadtteil gibt es Straßen und Areale für finanziell benachteiligtere Schichten. Newtown beispielsweise hat sich aufgrund des günstigeren Wohnraumes nicht nur für sozial schwächer Gestellte etabliert, sondern ebenso zur lebhaften Studentenhochburg entwickelt.

Der so gerne beschriebene typische relaxte **Kiwi-Lifestyle** findet auch in Wellington seine Hochform. So gehen die Büroangestellten in der Mittagspause zum Joggen an die Waterfront oder zum Baden an den Oriental Beach. Andere Bürger laufen frühmorgens mit dem Surfbrett in die Lyall Bay, um noch vor dem Arbeitsalltag die perfekte Welle zu suchen. Nach getaner Arbeit trifft man sich im Pub oder radelt die kilometerlangen Arbeitswege bis in die Vororte an der Küste nach Hause. Auch viele geschäftliche Meetings und Verabredungen finden eher im Café als im Konferenzsaal statt. Jeder scheint sich sein Leben so komfortabel und annehmlich wie möglich zu machen. Die geografische Lage zwischen Bush-Wald, Meer, Flüssen und Küste bietet viele Freizeitmöglichkeiten. Die Neuseeländer sind zufrieden und glücklich. In internationalen Studien zur Lebensqualität von Städten schneidet Wellington deshalb stets sehr gut ab. So belegte die Hauptstadt in der Mercer Quality of Living-Studie im Jahr 2011 den 13. Platz weltweit. In der Auswahl der englischsprachigen Städte der Welt erlangte Wellington sogar Rang 4.

◁ *Frischer gehts nicht - Fisch wird samstags auf dem Wochenmarkt direkt vom Boot verkauft*

Eine Stadt am Wasser

Durch die Lage um das große Hafenbecken ist Wellington überall von Wasser umringt. Nirgendwo in der City ist man mehr als 10 Minuten von der Küste entfernt. Dieses Phänomen prägt schon im Kindesalter und fördert bei Alt und Jung die Begeisterung für das Wasser.

Das Meer und die Meerestierwelt spielen eine wichtige Rolle im Alltag der Bewohner. An den vielen Stränden kann man nahezu jeder Wasseraktivität frönen, viele Bürger besitzen ein eigenes Motorboot, Kajak oder einen kleinen Schoner. Neben Rudern und Kajaken, Windsurfen, Wellenreiten, Tauchen, Wasserski- und Jetskifahren, Segeln und Angeln ist einer der neuesten Trends das „Stand Up Paddleboarding" (Stehpaddeln). Hierbei wird aufrecht auf einem Surfbrett gestanden und sich mithilfe eines Paddels fortbewegt.

Auch für die Wirtschaft der Stadt ist der Hafen von großer Bedeutung. Das Anlegen von Kreuzfahrtschiffen, die Fährverbindungen in die Vororte sowie die Interislander-Fähre zur Südinsel und der Containerfrachthafen sind wichtige Faktoren für den Tourismus und den Im- und Export der Region. In einigen Vororten sind Fischereiunternehmen ansässig, die die Stadt, das Umland und sogar Märkte in Übersee mit frischen Langusten, Fisch und Meeresfrüchten versorgen.

Wellywood – Neuseelands Filmstadt

Wellington wird Wellywood

Als die Tolkien-Verfilmung „Der Herr der Ringe" am 10. Dezember 2001 in die Kinos kam, ist weltweit ein unbeschreiblicher Hype um Neuseeland, seine Drehorte, Schauspieler und Filmemacher ausgebrochen. Neuseeland wurde über Nacht zu „**Mittelerde**", der von Schriftsteller J. R. R. Tolkien erdachten Fantasiewelt, und Wellington zu „Wellywood". Der Macher hinter der Trilogie, Star-Regisseur und Ur-Kiwi Peter Jackson, hat einmal mehr dazu beigetragen, dass Wellington weltbekannt wurde. Er rückte die Kreativität seiner Heimatstadt ins Rampenlicht. Schon während der Dreharbeiten setzte die Regierung Kabinettsmitglied Pete Hodgson als inoffiziellen „Lord-of-the-Rings"-Minister ein. Er kümmerte sich um alle filmbezogenen Projekte, Anfragen und die touristische Vermarktung der Trilogie. „Herr-der-Ringe"-Touranbieter schossen wie Pilze aus dem Boden und die internationalen Besucherzahlen haben sich seither verdoppelt. Gerne beschreiben die Bürgermeister von Wellington ihre Stadt mit den mittlerweile geflügelten Worten „They don't call us Wellywood for nothing!". Für Fantasyfans und filminteressierte Besucher ist es ein Muss, die Filmhauptstadt aus der „Kameraperspektive" zu erkunden.

Die Etablierung der Filmszene

Peter Jackson ist bekannt für seinen Perfektionismus. Jedes Kostüm, jede Maske, jedes Schild und Schwert wird

Wellywood – Neuseelands Filmstadt

handgefertigt. Der Regisseur arbeitete schon viele Jahre vor den Dreharbeiten zu „Der Herr der Ringe" in Wellington. Er gründete seine heutigen Produktionsfirmen WingNut Films und 3Foot7. Zudem entstanden über die Jahre die Firmen Weta Digital, die Macher der digitalen Filmanimation, Weta Workshop, die Requisitenspezialisten und Bühnenbauer, sowie Park Road Post, seine eigene Postproduktionsstätte. Keines der Einzelunternehmen hatte zu Beginn der Dreharbeiten von „Der Herr der Ringe" die Kapazitäten für solch große Hollywood-Blockbuster. Doch der Kiwi-Erfindergeist, starker Wille und ein schneller Lernprozess während der Produktionsphase lies den Industriezweig im kleinen Wellington rasant anwachsen, der bald äußerste Professionalität zeigte. Heute zählen beispielsweise die Motion-Capture-Facilities in Miramar zu den weltbesten und viele Hollywood-Regisseure verlagern ihre Studioaufnahmen und Außendreharbeiten aufgrund der guten Infrastruktur und der fantastischen Vielfalt der Landschaft nach Neuseeland.

Mit dem Aufbau der Filmindustrie während der Dreharbeiten zu „Der Herr der Ringe" heuerte Weta Digital internationale Talente im Bereich 3D-Animation an. Beim Weta Workshop versuchte man zunächst, sich das große Potenzial der ansässigen Künstler zu Nutze zu machen. Richard Taylor, der Kopf des Workshops, der Fertigungsstätte für die Filmausstattung, stellte dafür zahlreiche junge Abgänger der Universität Massey in Wellington ein. Die Absolventen des Designstudiengangs hatten zwar keinerlei Berufserfahrung oder Hintergrundwissen im Filmbereich, waren dafür aber völlig unvoreingenommen, enthusiastisch und

Das Tripod 30 – ein überdimensionales Stativ mit Kamera – zu Ehren der Wellingtoner Filmindustrie

Wellywood – Neuseelands Filmstadt

extrem ehrgeizig. Die „Kiwi-Genialität" der lokalen Designer trug mit dazu bei, ein außerordentliches, einmaliges Filmepos zu erschaffen. Sie waren für die Herstellung von Tausenden von Kostümen, für die Ausstattung am Set, den Kulissenbau, das Special-Make-up, alle Requisiten und den Bau der Miniaturen zuständig.

Für die Weltpremiere von „Die Rückkehr des Königs", dem dritten Teil der „Herr-der-Ringe"-Verfilmung, schaffte es die Filmindustrie im Jahr 2003 sogar, die großen Feierlichkeiten von Hollywood nach Wellywood zu verlagern. Entlang des Courtenay Place bis hin zum Embassy Theatre 32 zog sich ein über 300 Meter langer roter Teppich. Die Straße wurde von mehr als 100.000 jubelnden und teils verkleideten Fans gesäumt.

Auch in den Folgejahren blieb die neu etablierte Filmindustrie schwer beschäftigt. Blockbuster wie das Remake von „King Kong", die Buchverfilmung „In meinem Himmel" („The Lovely Bones") und Teile von „Avatar", „Planet der Affen", „District 9" und „Tim & Struppi" wurden in Wellington von der aufstrebenden Filmindustrie gefertigt. Vor allem Weta Digital zieht seither viele Animations- und Special-Effects-Projekte von Hollywood ab. Die New Zealand Filmkommission bietet für Filmprojekte, die in Neuseeland realisiert werden, mittlerweile starke finanzielle Unterstützung und massive Steuerfreibeträge an, um Neuseeland als Filmlocation groß herauszubringen und die ansässige Filmindustrie und den Filmtourismus zu fördern. Mit der Verfilmung der Hobbit-Trilogie lebt das Fanspektakel um „Mittelerde" erneut auf. Auch die Premiere des ersten Teils der Fantasysaga „Eine unerwartete Reise" fand im November 2012 im kleinen Wellington statt. Mit einem 500 Meter langen roten Teppich und geschätzten 250.000 Besuchern war die Weltpremiere erneut ein unschlagbarer Erfolg und rückte Wellington ins Rampenlicht der Weltöffentlichkeit. Neben großen Stars standen auch international noch unbekannte neuseeländische Schauspieler für die „Hobbit"-Trilogie vor der Kamera. Auch der klassische *end song* des ersten Teils der Trilogie stammt von einem Neuseeländer, Neil Finn, dem Frontmann der neuseeländischen Kultband Crowded House.

Heute ist die anfänglich kleine Filmproduktion in Wellington zu einer Multi-Milliarden-Dollar-Filmindustrie angewachsen.

Oscar-Preisträger Sir Peter Jackson

Peter Jackson wurde 1961 in Wellington geboren und wuchs in der Pukerua Bay nördlich der Stadt auf. Bereits als Kind war Jackson ein großer Filmfan. Als Jugendlicher begann er zusammen mit Freunden mit einer Super-8-Kamera Kurzfilme zu drehen. Er bastelte dafür nicht nur kleine Modelle, sondern auch Latexmasken, die er im Ofen seiner Mutter backte. Seine frühen Erfolge bei Kurzfilmfesten in Wellington bestätigten schon bald sein Talent. Nach einigen Jahren wurde er sogar von den Wettbewerben ausgeschlossen, weil er stets den ersten Preis gewann und man auch anderen Teilnehmern die Chance auf einen Sieg lassen wollte.

Seine besondere Vorliebe galt zunächst Horrorfilmen. Durch seine eigenen Versuche, Erfolge und Misserfolge lehrte sich der junge Jackson das Filmemachen selbst. Er besuchte nie eine Filmschule. Mit 16 Jahren

Am Puls der Stadt
Wellywood – Neuseelands Filmstadt

verließ der junge Peter die Schule, begann als Fotograf für eine Tageszeitung zu arbeiten und wohnte bei seinen Eltern, um sein Gehalt für eine Filmausrüstung zu sparen. Mit 18 Jahren kaufte er seine eigene 16-mm-Kamera und begann erneut, einen Kurzfilm zu drehen, aus dem später sein erster Film „Bad Taste" wurde. 1987 zeigte man mit der Unterstützung der New Zealand Film Commission diesen ersten Kinofilm Jacksons auf den Filmfestspielen in Cannes und verkaufte die Filmrechte an über zwölf Länder.

In den ersten Jahren arbeitete der junge Regisseur gemeinsam mit Stephen Sinclair und Drehbuchautorin Fran Walsh an diversen Skripten. Walsh wurde später seine Lebenspartnerin und die Mutter seiner beiden Kinder Katie und Billy. In dieser Zeit entstanden Streifen wie „Meet the Feebles" (1989) oder der Zombiefilm „Braindead" (1992). Mit dem Kinofilm „Heavenly Creatures" veränderte sich der Stil und Ton von Peter Jacksons Arbeit. Der Kinofilm basiert auf einer wahren Geschichte, einem Mordfall in Christchurch, und brachte Jackson eine Oscarnominierung in der Kategorie „Bestes Drehbuch" ein, wodurch die US-Produktionsfirma Miramax auf den jungen Regisseur aus Wellington aufmerksam wurde. Nach der Koproduktion von „Forgotten Silver" schaffte Jackson 1996 den internationalen Durchbruch mit seinem ersten Hollywood-Film „The Frighteners", in dem Michael J. Fox die Hauptrolle spielt. Sowohl sein alter Freund Richard Taylor vom Weta Workshop wie auch die New Zealand Film Commission begleiteten und förderten Jackson während seiner steilen Karriere. Der Name der heutigen Weta-Gruppe stammt noch aus den frühen Horrorfilmtagen und ist die Bezeichnung des neuseeländischen heuschreckenähnlichen Rieseninsekts, dem Weta.

2010 wurde Peter Jackson in den Adelsstand erhoben, seither ist sein offizieller Titel „Sir Peter Jackson".

Noch vor wenigen Jahren war es keine Seltenheit, Peter Jackson Zeitung lesend im Café am Nachbartisch zu sehen. Der Starregisseur, der in Wellington als Ikone gilt, ist jedoch seit dem Abschluss der Trilogie „Der Herr der Ringe" meist zu beschäftigt, um ein „normales" Leben zu führen. Doch nach wie vor wohnt Jackson die meiste Zeit in seinem Backsteinhaus an der Küstenstraße in Seatoun, läuft auch im Winter in Shorts herum und trägt seine Haare verstrubbelt wie eh und je. Er vermeidet jedoch den Presserummel und meinte in seiner großen Rede zur Hobbit-Filmpremiere vor dem Embassy Theatre ㉜ „Ich bin doch nur der kleine Junge aus Pukerua Bay, der den großen Traum hatte, Filme zu machen!"

◁ *Sir Peter Jackson mit Tochter Katie bei der Weltpremiere des ersten Hobbit-Films „Eine unerwartete Reise"*

Am Puls der Stadt
Wellywood – Neuseelands Filmstadt

Wellington für Filmfans

Ganz anders als in Hollywood können Filmfans in Neuseeland noch viel sehen und hinter die Kulissen blicken, ohne teuren Eintritt bezahlen zu müssen. Stars und Sternchen, aber auch viele Filmrelikte und Blicke hinter die Kulissen der Filmproduktion gibt es in Wellington hautnah. Auf jeden Fall lohnt sich ein Ausflug auf die Halbinsel Miramar in das Filmviertel Wellingtons (s. S. 84). Die Stone Street Studios ㊱, das Roxy Cinema ㊲, Park Road Post Production ㊳, der Weta Workshop ㊴ und die Weta Caves ㊵ verströmen internationale Filmatmosphäre. In der Innenstadt sollten Filmfans folgende Sehenswürdigkeiten nicht auslassen: das Embassy Theatre ㉜, das Filmarchiv ㉘ und das Tripod ㉚.

Weitere sehenswerte „Filmorte" sind:

▷ *Auf Tuchfühlung mit Gollum – Filmfans lieben den Besuch in den Weta Caves* ㊵

🏛 **90** [ck] **Window into Workshop,** 1 Weka Street, Miramar (neben den Weta Caves), Tel. 3809361, www.wetanz.com/window-into-workshop, geöffnet: tägl. 10–17 Uhr, geführte Touren starten alle 30 Min., Eintritt: Erwachsene $ 20, Kinder (5–12 J.) $ 10, Kinder (0–5 J.) frei, Familienkarte (2 Erw., 2 Kinder) $ 50. Diese relativ neue Erweiterung der Weta Caves lohnt sich für Filmfans ohne Zweifel. Das erste Mal ermöglicht der Weta Workshop hier in einer 45-minütigen Tour Einblicke in die Arbeit der kreativen Macher hinter den Kulissen der ansässigen Filmindustrie. Ausgestellt sind unzählige Requisiten, Modelle und Zeichnungen, welche die Spezialisten über die Jahre kreiert haben. Achtung, das Fotografieren ist verboten! Während der Führung gibt es Erklärungen zu Materialien, Techniken und Tricks aus der Filmkiste. Meistens wird die Tour von Mitarbeitern des Workshops selbst geführt – auf Tuchfühlung mit Filmgurus.

🏛 **91** [eh] **Experience Stansborough,** 22 Sydney Street, Petone, Tel. 5665592, www.stansborough.co.nz, geöffnet: Mo.–Fr. 9–16.30 Uhr, Tour nur mit Voranmeldung! Alte Webtechnik für antik wirkende Umhänge zeigen die Showgalerie und eine Führung durch die noch heute aktive Weberei Stansborough. Hier wurden und werden neben regulärer Luxusbekleidung alle feinen Webstücke für die Filmindustrie wie beispielsweise Mäntel, Schals und Umhänge für „Der Herr der Ringe", „Narnia" und den „Hobbit" hergestellt. Die auf der gleichnamigen Farm gezüchteten Schafe und Alpakas liefern die spezielle Wolle, welche dann mit 15.000 Knoten gleichzeitig auf den lär-

Wellywood – Neuseelands Filmstadt

menden Webstühlen von 1890 gewoben werden. Eine Tour liefert nicht nur fantastische Einblicke in die Welt der Kostümnäherei, sondern auch Hintergründe zur Schaffarm und eine Zeitreise zurück zu riesigen Scheren und überdimensionalen Holzspindeln.

Filmtouren

> **Wellington Rover Tours,** Tel. 0800426211 (kostenfrei innerhalb Neuseelands), www.wellingtonrover.co.nz. In den Sommermonaten finden jeden Tag mehrere Touren zu den filmspezifischen Orten in und um Wellington statt. Ob in einer Halb- oder Ganztagestour, die Experten fahren nicht nur alle wichtigen Stationen der Filmindustrie Wellingtons an, sondern plaudern auch gerne als wahre Insider darüber, wie die Filmszene Wellingtons funktioniert.

> **Wellington Movie Tours,** Tel. 0274193077, www.movietours.co.nz. Ted Guise führt seine Gäste sieben Tage die Woche zu den schönsten Ecken Wellingtons und den wichtigsten Locations der Filmindustrie. Er bietet seinen Kunden eine hautnahe Erfahrung und die echten Fans können sogar einzelne Szenen aus „Der Herr der Ringe" nachspielen. Wer zusätzliche Informationen über die Filmwelt und Berichte über das Leben hinter den Kulissen hören will, ist hier genau richtig. Ob lange oder kurze Tour, mehrere Optionen bieten für jeden Zeitrahmen und Geldbeutel die richtige Erfahrung.

> **Flat Earth,** Tel. 9775805, www.flatearth.co.nz. Flat Earth hat sich auf die luxuriösere Version von kleinen Touren durch Wellington spezialisiert. Wer eine besondere Filmerfahrung sucht, kann auf ihrer Middle Earth Filming Locations-Tour nicht nur die öffentlich zugänglichen Drehorte der Region besuchen, sondern erhält sogar Zugang zu Privatland.

EXTRATIPP: Filmlocations im Mt Victoria Park

In Wellingtons Stadtpark verborgen liegen mehrere Drehorte, an denen Peter Jackson Teile der Fantasysage „Der Herr der Ringe" gefilmt hat. Ob mit GPS und Buch oder per Tour, mitten in der Stadt kann man sich auf eine spannende Entdeckungsreise in das Auenland begeben.

In und um den Mount Victoria Park (33) liegen für Filmfans interessante Locations, an denen Teile der „Herr der Ringe"-Trilogie und von „The Lovely Bones", ebenfalls einer Regiearbeit von Peter Jackson beruhend auf dem gleichnamigen Roman von Alice Sebold, aufgenommen wurden.

> *Elben, Zwerge und Zauberer leben inmitten des Stadtpark am Mount Victoria*

Wellington entdecken

Die Innenstadt entlang der Waterfront

Wellingtons Innenstadt ist kompakt und übersichtlich. Der CBD, der Central Business District, deckt sich exakt mit der Innenstadt, oft auch als „downtown" bezeichnet. Er gliedert sich in die Waterfront ❶, die sich perfekt für Freizeitaktivitäten eignet, den Grüngürtel des Mount Victoria Parks ㉝, in den Stadtteil Te Aro (Courtenay Quarter und Cuba Quarter), der Einkaufsstraße, Partymeile und Gastronomieszene beherbergt, sowie in den Stadtteil Thorndon [B/C1] und den Lambton Quay. Die beiden letzteren bilden das Regierungs- und Geschäftsviertel, auch Lambton Quarter genannt. Hier tagt das Parlament, viele städtische Behörden haben sich angesiedelt und ausgefallenere Shoppingwünsche können erfüllt werden. Manche Bürger bezeichnen Wellingtons Innenstadt auch als das „Areal der vier Viertel": Lambton Quarter, Willis Quarter, Courtenay Quarter und Cuba Quarter.

Um sich Wellington anzusehen, benötigt man weder Bus noch Taxi, die reine Laufzeit von der oberen Cuba Street bis nach Thorndon beträgt maximal 20 Minuten.

Die Innenstadt entlang der Waterfront

Der interessanteste Abschnitt der Wellingtoner Waterfront liegt zwischen dem Oriental Beach, zieht sich entlang der Marina bis hin zu den historischen Werftgebäuden und modernen Fähranlegestellen, die an der Wasserlinie parallel zum Customhouse Quay verlaufen. Restaurants, Cafés, Freizeitangebote – hier kann man die enge Verbindung der Stadt zum Wasser spüren.

❶ Waterfront ★★★ [D4]

Wenn die Wellingtonians vom Hafen ihrer Stadt erzählen, sprechen sie stets von der Waterfront. Der künstlich angelegte **Oriental Beach** (s. S. 119) mit seinem goldgelben Sand ist der beliebte Stadtstrand von Wellington. Sonnenbaden und bis zur gegenüberliegenden Wasserfontäne oder den hölzernen Schwimminseln kraulen – so einem Vergnügen inmitten einer Landeshauptstadt nachgehen zu können, ist etwas Besonderes. Der relaxte Kiwi-Lifestyle zeigt sich entlang der Waterfront von seiner besten Seite. Menschen picknicken in Parks, spazieren, rollerbladen oder kajaken entlang der Küste bis zur nächsten Eisdiele und plaudern fröhlich. Die bunt angemalten historischen **boat sheds** sind nach wie vor als Bootshäuser in Betrieb. Angrenzend liegt der Hafen für Boote und Jachten, die Marina, welche mit dem Mount Victoria im Hintergrund ein wunderschönes Fotomotiv ergibt. An der Kaimauer stehen viele interessante Statuen. Neben Möwen tummeln sich auch Enten auf Brücken und hölzernen Pfeilern oder im Wasser. Wer Boot fahren möchte, für den gibt es eine **Tretboot- und Kajak-Vermietung** nahe dem Frank Kitts Park (s. S. 41). Die lokale Fähre, East by West Ferry (s. S. 128), zu den Vororten Seatoun, Eastbourne und nach Somes Island legt an der Queens Wharf ab.

◁ *Vorseite: Wer mit offenen Augen durch Wellington läuft, kann die Stadt intensiv erleben und entdecken*

Wellington entdecken
Die Innenstadt entlang der Waterfront

❷ Te Papa Tongarewa National Museum ★★★ [D5]

Das Te Papa ist Neuseelands beliebtes Nationalmuseum. Es bietet dem Besucher auf sechs Etagen hervorragende Einblicke in die Historie des Landes, seine Flora und Fauna, seine Bodenschätze, die geografischen Besonderheiten und die faszinierende, sagenumwobene Kultur der Ureinwohner, der Maori. Zu sehen sind auch viele Kunstobjekte und Artefakte aus dem Südpazifik. In den spannenden, interaktiven Ausstellungen kann der Besucher Neuseeland anfassen, erleben und bestaunen – kostenlos!

1998 wurde das architektonisch interessante Gebäude an Wellingtons Waterfront eröffnet. Auf über 36.000 m² Ausstellungsfläche befinden sich die Schätze des Nationalmuseums. Te Papa Tongarewa bedeutet auf Maori „ein Behälter, in dem kostbare Gegenstände aufbewahrt werden". Im Ausstellungsbereich **„Awesome Forces"** kann man alles über die Geologie, Vulkane und Erdbeben Neuseelands erfahren. Die spannende Reise in die Vergangenheit des Riesenvogels Moa, die Tiefsee, wo der ausgestellte Riesenkrake einst lebte, Ausstellungsstücke wie Walskelette oder Informationen zur Vielfalt der heimischen einzigartigen Vögel sind ebenso faszinierend wie die kleine Ausstellung „Passports", in der abwechselnd Immigranten eines bestimmten Landes porträtiert werden.

Mehr zur Geschichte Neuseelands, von den Zeiten der britischen Kolonialisierung bis hin zum 21. Jahrhundert enthüllt die Ausstellung **„Slice of Heaven"**. Besonders zu empfehlen ist Stockwerk 4. Hier erfährt man viel über die Kultur der Maori und kann spirituelle Gegenstände betrachten, hinter denen sich viele Mythen und Legenden verbergen.

Die hübschen historischen Bootshäuser werden bis heute genutzt

Wellington entdecken
Die Innenstadt entlang der Waterfront

Wer genügend Zeit mitbringt, sollte eine der geführten Touren buchen. In der **Kapu Ti Tour** beispielsweise wird jeweils eine kleine Besuchergruppe von Maori-Mitarbeitern durch die Ausstellung geführt. Bei einem Abstecher in den heimischen Pflanzengarten neben dem Hauptgebäude erläutert der Guide, aus welchen Blättern Medizin hergestellt wird und weshalb Flachs ein wichtiger Rohstoff für Maori ist. Als krönender Abschluss wird dann ein gemeinsames Maori-Mahl eingenommen: typisches Kartoffelbrot *(Rewena)*, dazu Kawakawa-Tee mit Manuka-Honig, Kumara-Fritten (Pommes frites aus der gleichnamigen Süßkartoffel), eingelegte Muscheln, Pikopiko-Pesto, hergestellt aus jungen Farntrieben, und vieles mehr. Maori-Kultur für Körper und Seele.

› 55 Cable Street, Tel. 3817000, www.tepapa.govt.nz, Eintritt: frei, Sonderausstellungen und Touren kostenpflichtig, geöffnet: Mo.–Mi./Fr.–So.10–18 Uhr, Do. 10–21 Uhr

❸ Solace in the Wind ★★ [D4]

„Solace in the Wind" ist **eine von Wellingtons beliebtesten Statuen**. Sie befindet sich direkt an der Waterfront nordöstlich gelegen hinter dem Te Papa Tongarewa National Museum ❷. Solace wurde 2008 vom **Künstler Max Patte** kreiert. „An dem Ort, an dem die Statue steht, habe ich viele Stunden verbracht und verschiedene Dinge gespürt. Wellington ist ein einmaliger Wohnort, inspirierend", so der Bildhauer, der einst für den Weta Workshop in der Filmindustrie arbeitete. Solace lehnt sich weit vornüber, hält die Nase in den Wind. Der Künstler gab die Skulptur zunächst als Leihgabe an die Stadt und schenkte sie ihr schließlich nach einem Jahr.

❹ Te Raukura ★★ [D4]

Te Raukura wurde als **modernes Veranstaltungszentrum** an die Taranaki Wharf neben der Hafenlagune gebaut und besteht aus fünf unterschiedlichen Arealen. In Anlehnung an Kupe, der in der Maori-Mythologie als Entdecker Neuseelands gilt, wurden die drei Veranstaltungsräume nach den

Te Raukura – spirituelles Zuhause der Maori und Aufbewahrungsort zweier traditioneller Holzkanus

Wellington entdecken
Die Innenstadt entlang der Waterfront

Maori-Namen benannt, die Kupe den drei Inseln im Hafenbecken gab, Makaro, Matiu und Mokopuna.

Das Veranstaltungszentrum wurde vorrangig gebaut, um die beiden für traditionelle Zeremonien verwendeten **Holzkanus Waka Taua und Waka Ama** unterzubringen, weshalb es auch als *Te Wharewaka o Poneke* (Waka-Haus) bekannt ist. Das Gebäude selbst ist ebenfalls einem *Waka* nachempfunden. Die Gebäudeteile Maihi und Amo repräsentieren dabei die Seiten eines solchen Kanus. Man will hiermit an die lange vor der Ankunft der europäischen Siedler in der Wellingtoner Region lebenden Maori-Stämme erinnern, die sich an der heutigen **Taranaki Wharf** niederließen und ihre Präsenz mit Te Raukura zurück an genau diese Stelle holen. Neben der interessanten Architektur des Gebäudes ist die Lage im Hafenbecken einmalig.

Traditionelle und moderne Holzschnitzereien vieler bekannter Maori-Künstler können in und an Te Raukura angesehen werden. Wer Glück hat, sieht eines der *Waka* sogar live im Hafen. Beispielsweise am Waitangi Day (s. S. 44) oder zu Trainingszwecken werden die *Waka* in der Lagune zu Wasser gelassen und mit traditionellem Gesang entlang der Waterfront gerudert.

› Odlins Square, 15 Jervois Quay, Waterfront an der Lagune

❺ Kupe Statue ★ [D4]

Kupe ist der in der Maori-Mythologie beschriebene **Entdecker Neuseelands**. Die Bronzearbeit zeigt Kupe, seine Frau Te Aparangi und Pekahourangi, seinen geistlichen Heiler. Bereits 1939 wurde das Werk unter dem Titel „The Coming of the Maori"

KLEINE PAUSE

Verschnaufpause auf historischem Boden

In der windgeschützten Lagune in einem Seitenflügel von Te Raukura befindet sich das Karaka Café. Vor dem Gebäude wächst ein kleiner Orangenhain, Orange bedeutet auf Maori *Karaka*. Man erzählt, dass die frühen Maori die aus Polynesien nach Neuseeland kamen, Orangenkerne in ihren *Wakas* mitbrachten, um die Frucht im neuen Land anbauen zu können.

An den sonnigen Außentischen sitzt man gemütlich und die Speisekarte bietet eine moderne Adaption einiger traditioneller Maori-Gerichte, wie Paua-Schellfisch-Burger oder Hangi-Salat. Ob zum Frühstück, Mittag- oder Abendessen, das Café bringt Maori-Worte und Produkte von der Karte auf den Teller.

› **Karaka Café**, Odlins Square, 15 Jervois Quay, Taranaki Wharf, www.wharewakaoponeke.co.nz/cafe, Tel. 05083862846

---

für eine Ausstellung auf bemaltem Gips gefertigt, anschließend stand die Statue jahrelang vor der Wellington Railway Station. Durch das raue Küstenklima und Vandalismus war das Original beschädigt, wurde 1999 schließlich in Bronze gegossen und ein Jahr später an der Waterfront installiert. Durch Kupe erhielt Neuseeland seinen Maori-Namen. Laut der Legende soll der Seefahrer, als er Neuseeland entdeckte, zu seiner Frau gerufen haben: „He ao! He ao" („Eine Wolke! Eine Wolke"). Aotearoa bedeutet in Te Reo Maori das „Land der langen weißen Wolke".

› Lage: auf der Meerseite von Te Raukura ❹ an der Taranaki Wharf

Wichtige Begriffe in Te Reo Maori

Te Reo Maori ist neben Englisch offizielle Amtssprache in Neuseeland und wird vor allem bei Zeremonien und Ritualen im öffentlichen Leben verwendet. Es folgen eine Liste der wichtigsten Ausdrücke und Tipps zur Aussprache: In Maori wird das wh stets als f gesprochen, z. B. bei Whangarei [Fangarei]. Bei Worten mit ng ist das g stumm, z. B. Ngaio [Naio].

Maori	Deutsch
Aotearoa	Neuseeland (Land der langen weißen Wolke)
Kia Ora!	Hallo, guten Tag!
Haere mai!	Willkommen, trete ein!
Haere ra!	Auf Wiedersehen!
iwi	Maori-Stamm
Te Reo Maori	Maori-Sprache
marae	Maori-Versammlungshaus
Haka	Kriegstanz der Maori
Whānau [Fanau]	Familie
koha	Geschenk
Pākehā	Weiße/Siedler
pounamu [Punamu]	grüner Jadestein
kai	Essen
kai moana	Meeresfrüchte und Fisch
waka	Holzkanu
hangi	traditionelles Gericht der Maori – im Erdofen gegartes Gemüse, Fisch, Fleisch
hongi	traditionelle Begrüßung der Maori durch Nasenberührung
pipi	neuseeländische Muschel ähnlich der Jakobsmuschel
paua	neuseeländischer Schellfisch

❻ Water Whirler ★★ [D3]

Die außergewöhnliche **Skulptur** wurde einer Zeichnung des Experimentalfilmemachers und Bildhauers kinetischer Figuren **Len Lye** aus Christchurch nachempfunden. Er hatte bereits 1960 eine Zeichnung des Water Whirlers angefertigt und beschrieb die Idee mit „eine fantastische Choreographie, Jet-Düsen, die Wassergischt in drei Dimensionen herumwirbeln". 2005 war die funktionale Statue dann nach vier Jahren Recherchearbeit, Entwicklung und Herstellung fertig und wurde auf einem eigens gebauten kleinen Pier installiert. Mithilfe eines Computers werden gezielt Wasserstrahlen aus der zwölf Meter langen Stange geschossen, welche dann in der Luft und auf der Meerwasseroberfläche Muster ergeben. Im Ruhezustand sieht die Kreation aus wie ein statischer, unauffälliger Pfosten.

› Der Water Whirler wird täglich um 10, 11, 12, 13, 15, 18, 20, 21 und 22 Uhr für jeweils 12 Min. aktiviert. Leuchtet das Licht am Pier, kann das System aufgrund starken Windes nicht operieren.

Wellington entdecken

Die Innenstadt entlang der Waterfront

7 Museum of Wellington City & Sea ★★★ [C3]

In diesem Museum wird Wellingtons soziale, kulturelle und maritime Geschichte beleuchtet. Schon beim Eintreten ins Museum wird man zurückversetzt in die Zeit der Hafenarbeiter und das Leben in der Stadt im 20. Jahrhundert. Interaktiv, informativ und kostenfrei – das Museum wurde von der britischen Zeitung „The Times" unter die 50 besten Museen weltweit gewählt.

Das Gebäude selbst stammt aus dem Jahre 1892. Ausstellungen, Filme und Shows zeigen das Hafenbecken und seine Bewohner über die letzten 150 Jahre. Absolute Höhepunkte des Museums sind die Darstellung der Geschichte zum Wahine-Schiffsunglück und 101 Geschichten aus dem Leben in Wellington im vorigen Jahrhundert. Auch sehr beeindruckend sind die digital animierten 3D-Hologramme in der Ausstellung „Vor einem Jahrtausend" über Maori-Mythen und -Legenden. Die gigantische Filmleinwand im Museum erstreckt sich über drei Ebenen und die Videoprojektionen von riesigen Segelschiffen wirken dadurch wahrlich beeindruckend. Wer sich für besondere Details interessiert, sollte eine der vielen Touren buchen.

› 3 Jervois Quay, Queens Wharf, www.museumswellington.org.nz/museum-of-wellington-city-and-sea, Tel. 4728904, Eintritt: frei, geöffnet: tägl. 10–17 Uhr

8 City to Sea Bridge ★ [C4]

Die City to Sea Bridge verbindet die Waterfront mit dem Civic Square 9 und führt über die mehrspurige Hauptstraße Jervois Quay. Sie gilt nicht nur als Verbindung zwischen zwei realen Orten, sondern auch als spirituelles Bindeglied zwischen Maori und *Pākehā*, den Weißen. **Paratene Matchitt**, ein berühmter Maori-

Die City to Sea Bridge – gesäumt von Holzskulpturen – verbindet den Civic Square mit der Waterfront

Wellington entdecken
Die Innenstadt entlang der Waterfront

Künstler, schnitzte viele der auffälligen **Holzskulpturen**, die an der Seite der Brücke oberhalb der Holzplanken zu sehen sind. Weitere Schnitzereien stammen von anderen heimischen Künstlern. Die eine Seite der Brücke zeigt Taniwha Ngake und Whataitai, zwei Fabelwesen aus der Maori-Mythologie. Auf der anderen Seite befinden sich Vogel-, Wal- und Fischskulpturen. Einige der Installationen sind an Metallstangen angebracht, wie beispielsweise Sterne und Mond in verschiedenen Phasen. Diese Skulpturen sind tagsüber am besten gegen einen wolkenlosen blauen Himmel zu erkennen und an klaren Abenden, wenn der Vollmond hinter den Skulpturen über dem Meer aufgeht.

❾ Civic Square ★★★ [C4]

Der Civic Square ist für Besucher die erste Anlaufstelle in Wellington. Hier befinden sich die Touristeninformation i-Site, die City Gallery und der Zugang zur City to Sea Bridge, über die man direkt zur Waterfront gelangt.

Als Zentrum der Innenstadt wurde von den Stadtplanern in den frühen 1990er-Jahren der sogenannte Civic Square inszeniert. Man wollte der Stadt ein Herzstück und Versammlungszentrum geben, in Anlehnung an die vielen öffentlichen Plätze in Europa. Der Civic Square wurde in dem Areal zwischen Rathaus und der zentralen Bücherei gebaut. In letzterer sitzt heute die City Gallery ❿. Über dem modernen Platz hängt eine Kunstskulptur, der sogenannte **Fern Ball**, eine Art silberner Globus, in welchen von Künstler Neil Dawson zahlreiche Silberfarn-Umrisse als eines der Symbole für Neuseeland eingearbeitet wurden. Die silberne Ballskulptur hängt an Drahtseilen, die jedoch kaum zu sehen sind und dem Betrachter vermitteln, der Ball schwebe. Wer nicht über die City to Sea Bridge ❽ zur Waterfront ❶ läuft, sondern die Stufen zur Hauptstraße Jervois Quay nimmt, findet auf der Rasenfläche unten die eigens für die Rugby-WM 2012 in Neuseeland angefertigte Statue des Weta Workshops ㊴. Das i-Site (s. S. 108) direkt am Civic Square ist ein – wie Kiwis gerne sagen – „One stop shop" für Touristen, um eine Unterkunft oder Tour zu buchen und Informationen über die Stadt, Kartenmaterial oder das aktuelle Theaterprogramm zu erhalten. Die Mitarbeiter helfen bei jeder Frage weiter. Der angegliederte Souvenirshop Simply NZ und das Nui Espresso Café machen den Besuch informativ und entspannt.

❿ City Gallery ★★ [C4]

Die City Gallery hat für die Wellingtoner Kunstszene eine große Bedeutung und ist extrem dynamisch, wenn es um die Inszenierung neuer Ausstellungen geht. Sie wurde 1980 etabliert und war Wellingtons erste bedeutende Galerie, die nicht selbst Kunstwerke sammelte. Sie erarbeitete sich schnell einen Ruf als innovatives, stylisches Kunsthaus. Seit 1993 befinden sich die Ausstellungsräume am Civic Square ❾. Die **wechselnden Ausstellungen haben Weltklasse.** Die City Galerie in Wellington hat sich heute auf zeitgenössische bildende Kunst sowie Design und Architektur spezialisiert und arbeitet eng mit anderen renommierten internationalen Kunstmuseen zusammen.

› 101 Wakefield St, Civic Square, Tel. 8013021, www.citygallery.org.nz, Eintritt: frei, außer bei Sonderausstellungen, geöffnet: tägl. 10–17 Uhr

Regierungs- und Geschäftsviertel

Entlang des Lambton Quay bis hin zum Beehive ⓮ und dem alten Parlamentsgebäude ⓭ und dann in den Stadtteil Thorndon reihen sich die Hochhäuser vieler großer Konzerne sowie die wichtigen Regierungsgebäude der Landeshauptstadt.

Hier werden Geschäfte und Politik gemacht. Der Business District, das Geschäftsviertel, gibt dem Stadtbild die typische Skyline mit den Hochhäuserfronten, die hinter der Küste aufragen und sich bis auf die Berghügel nach Kelburn ziehen. Hier sitzen beispielsweise auch das Landgericht und Positively Wellington Tourism, die lokale Tourismusbehörde für die Stadt. Während der Besucher entlang des Lambton Quays ⓱ hervorragende Möglichkeiten zum Bummeln in den kleinen Designershops hat, bietet sich im Beehive die Möglichkeit, mehr über die neuseeländische Landespolitik zu erfahren und an einer kostenlosen Führung teilzunehmen.

⓫ Old Bank Arcade ★★ [C3]

Dieses Gebäude gab die Bank of New Zealand Ende des 19. Jahrhunderts in Auftrag, um ihren Landeshauptsitz in Wellington präsent zu machen. Heute dient das architektonisch interessante Gebäude als Shoppingarkade und beherbergt viele kleine Designerboutiquen.

Architekt Thomas Turnbull zeichnete die Pläne für das ungewöhnliche Wahrzeichen Wellingtons, welches die Spitzkehre der Straßenecken des Lambton Quays und der Willis Street ausfüllen sollte. Teile des Hauses wurden auf der alten **Plimmer's Ark**, einem für Wellington bedeutenden, an Land befindlichen Dreimaster-Segelschiff, errichtet. Das historische Gebäude von 1901 zeigt eine Mischung aus englischem Neo-Barock und Neurenaissance und wurde als eines der „**feinsten Gebäude der Kolonie**" beschrieben. Als die Bank sich aus dem Gebäudekomplex zurückzog, stand er lange leer. Erst eine Restaurierung in den 1990er-Jahren brachte den Glanz der Old Bank erneut zum Strahlen. Bei den Arbeiten fand man auch Teile der Plimmer's Ark, die heute im Untergeschoss durch den Glasboden im südlichen Flügel zu sehen sind.

Das Herzstück des Gebäudes bildet die **goldene Uhr**, welche sich zur vollen Stunde öffnet und mit musikalischer Untermalung Szenen aus der Historie des Areals zeigt. Seit der Wiedereröffnung werden die Räumlichkeiten von Designerläden, Cafés und Schönheitssalons genutzt und bieten dem Besucher ein außergewöhnliches Einkaufserlebnis in antikem Ambiente.

› 233/237 Lambton Quay, Tel. 9220600, www.oldbank.co.nz, geöffnet: Mo.–Do. 9–18 Uhr, Fr. 9–21 Uhr, Sa. 10–16 Uhr, So. 11–15 Uhr

⓬ Old Government Buildings ★ [C2]

Das Gebäude wurde 1876 im Stil der Neurenaissance fertiggestellt und galt zur damaligen Zeit als Neuseelands größtes Bauwerk. Bis 1998 war es das zweitgrößte aus Holz errichtete Gebäude der Welt. Unter seinem Dach versammelte sich 110 Jahre lang das neuseeländische Kabinett.

Man versuchte, das Regierungsgebäude im Stil italienischer Paläste zu bauen, um dem Wachstum und

Wellington entdecken
Regierungs- und Geschäftsviertel

der Stärke der aufstrebenden Kolonie Ausdruck zu verleihen. Allerdings merkte man schnell, dass Beton als Baumaterial zu teuer war und entschied sich für die durchgängige **Holzbauweise aus heimischem Kauribestand**. Anschließend wurden die Wände aufwendig mit Fresken verziert, um den Eindruck zu erwecken, es handle sich um ein Gebäude aus Stein. Die Entscheidung für die Holzbauweise rettete das Bauwerk seit seiner Errichtung durch so manches Erdbeben. Zwischen 1897 und 1907 wurden an den Seitenflügeln immer wieder Anbauten vorgenommen und in den 1990er-Jahre wurden umfangreiche Restaurierungsmaßnahmen durchgeführt.

Nach dieser Generalüberholung hat nun die **Juristische Fakultät der Victoria University** hier ihren Sitz. Heute zählt das ehemalige Regierungsgebäude zu den bedeutendsten historischen Bauwerken Neuseelands. Für die Öffentlichkeit sind der Park, einzelne Ausstellungsstücke wie beispielsweise Teile des historischen Aufzugs und das ehemalige Kabinettszimmer in der ersten Etage zugänglich.
› 15 Lambton Quay

🔴 Old Parliament Buildings and Library ★ [C1]

Neben den grauen Old Parliament Buildings befindet sich das gelbliche Gebäude der **Parlamentsbücherei**. Diese entstand zwischen 1883 und 1899 nach den Plänen von Thomas Turnbull und weist viktorianisch-gotische Züge auf. Die Bücherei ist der älteste Teil des heutigen Parlamentskomplexes, der zudem aus dem Beehive und dem alten Parlamentsgebäude besteht. Bis heute dient die Library den Parlamentsmitgliedern und ihren Angestellten für Recherchen.

Die Old Parliament Buildings wurden dann während des Ersten Welt-

Der neuseeländische Regierungssitz: Beehive und Old Parliament Buildings

Wellington entdecken
Regierungs- und Geschäftsviertel

kriegs im edwardianisch-neuklassischen Stil aus Stein errichtet und waren der Grundstock des heutigen Parlamentskomplexes. Aufgrund exorbitanter Baukosten und Materialknappheit während der Kriegszeit skalierte man die Größe drastisch herunter.

Bis heute sitzt hier die **Kammer des New Zealand House of Representatives**. 1960 kam die große Frage auf, was man mit dem alten Gebäude unternehmen sollte, umbauen, anbauen oder abreißen. Dieses Thema war so umstritten, dass man schließlich einen Außenstehenden zu seiner Meinung befragte. Architekt Sir Basil Spence skizzierte daraufhin in Kürze den Beehive, welcher die Exekutive beherbergen sollte. Der Beehive wurde daraufhin an die beiden alten Gebäude angebaut.

> Old Parliament Buildings, Molesworth Street, Visitor Centre Tel. 8179503, geführte Touren starten im Besucherzentrum des Beehives ⓮.

⓮ Beehive (Bienenkorb) ★★★ [C1]

Beehive ist der Name eines Teils des Parlamentskomplexes und erklärt sich durch das Aussehen des Gebäudes. Hier sitzt die Regierung des Landes. Wer sich für Architektur und Politik interessiert, sollte an einer kostenlosen Führung durch den gesamten Komplex der Parlamentsgebäude (Beehive, Old Parliament Buildings, Library) teilnehmen.

Das außergewöhnliche Design des Bauwerkes stammt vom **schottischen Architekten Sir Basil Spence** aus dem Jahr 1964. Als er die ersten Skizzen für das Bauwerk anfertigte, hatte er wohl eine Streichholzschachtel der Marke „Beehive" vor sich liegen, welche ihm gegeben worden war, und wonach das Gebäude trotz Widerständen in Politikerkreisen seinen Namen bekam und letztendlich durch die Hartnäckigkeit der Bürger bis heute behielt.

Zunächst wurden 1969 die unterirdische Parkgarage und Teile der vier Untergeschosse gebaut, dann das Erdgeschoss mit dem Zivilschutzbunker. Im Anschluss wurden die zehn Stockwerke oben auf eine Gesamthöhe von 72 m aufgesetzt. Queen Elizabeth II. eröffnete 1977 das Gebäude offiziell und zwei Jahre später zog die Regierung in die oberen Etagen ein. Das Eingangsfoyer ist mit Marmorfußböden und einem Glasdach ausgestattet. Das braune Dach des Beehives wurde aus 20 Tonnen handbearbeitetem Kupfer gefertigt. Ein unterirdischer Tunnel verbindet den Beehive mit den restlichen Teilen des Parlamentsgebäudes.

Der gesamte Beehive wurde exzessiv **mit neuseeländischer Kunst dekoriert**. So zeigt der Bankettsaal Wandmalereien, welche den typischen Himmel Aotearoas darstellen. Im neunten Stock hat der Premierminister sein Büro. Auch die Parlamentsmitglieder unterhalten ihre Büros im Beehive. Hier tagt das Kabinett und diskutiert neue Gesetzesentwürfe. Neben Konferenzräumen, Interview-Zimmern für die Medien und einem Schwimmbad gibt es im Gebäude auch Cafés, Bars und Restaurants.

Eine kostenfreie, rund einstündige **Führung** durchs Parlament lohnt sich!

> 1 Molesworth Street, Pipitea Ecke Lambton Quay, Touren Mo.–Fr. 10–17 Uhr, Sa. 10–16 Uhr, So. 11–16 Uhr, Start zur vollen Stunde vom Visitor Centre im Foyer des Beehives (Taschen, Fotoapparate, Videokameras, Telefone und Jacken müssen vorher abgegeben werden)

Wellington entdecken
Regierungs- und Geschäftsviertel

KLEINE PAUSE

**Kleine Pause gefällig?
Der Parlamentspark lädt zum Picknick ein**

An einem sonnigen Tag sitzen Bürger und Touristen in der Mittagspause zum Sonnenbaden in den Parliament Grounds oder benutzen die Wege als Abkürzung in die Stadt. Nach einem Feuer wurde um 1920 der Park neu angelegt. Die damals gepflanzten Pohutukawa-Bäume, Sträucher und der Rosengarten sind bis heute erhalten. Auch die Statuen früherer Premierminister können besichtigt werden.

92 [C2] **Café Astoria**, 159 Lambton Quay, Tel. 4738500, www.astoria.co.nz, geöffnet: Mo.–Fr. 7–19.30 Uhr, Sa./So. 8–16 Uhr. Das nette Café ist zur Mittagszeit ein beliebter Treffpunkt für Politiker und Geschäftsleute und deshalb oft überfüllt. Wer sich einen Snack mitnimmt, kann sein Picknick dann ganz in Ruhe im Park genießen.

⑮ Cenotaph Statue ★ [C1]

Der Cenotaph in Wellington ist ein Ehrenmal für die Gefallenen der beiden Weltkriege. Es wird deshalb auch **Wellington Citizens' War Memorial** genannt, befindet sich vor dem Parlamentsgebäude ⑬ und ist Ausgangspunkt für viele Feierlichkeiten zum jährlichen ANZAC Day (s. S. 44). Die Außenflügel sind mit Reliefskulpturen verziert, während oben mittig eine Bronzefigur auf einem Pferderücken thront. Die Statue wurde am ANZAC Day 1931 eingeweiht. Nach dem Zweiten Weltkrieg erweiterte man das Denkmal um die zwei Bronzelöwen, welche rechts und links zu sehen sind, um auch an die Soldaten des Zweiten Weltkrieges zu erinnern.
› Ecke Lambton Quay und Bowen Street

⑯ Old St Paul's Church ★★★ [D1]

Die Kirche Old St Paul's ist eines der Wahrzeichen Wellingtons und gleichzeitig ein „lebendes Buch" der Stadthistorie. Wunderschöne Architektur und viele kleine Geschichten verbergen sich hinter den Holztüren des hübschen einstigen Gotteshauses.

Old St Paul's ist die erste neugotische Kirche, die je aus Holz gebaut wurde. Das Areal, auf dem die Kirche steht, gehörte zur frühesten **Wellingtoner Siedlung Pipitea** (s. S. 49) und liegt im heutigen Stadtteil Thorndon. Bischof Selwyn hatte bereits 1845 ein Stück Land gekauft, welches 1853 um eine Parzelle von Governor Grey erweitert wurde. Designt wurde die Old St Paul's vom britischen Architekten und Kleriker Friedrich Thatcher. Er entwarf Pläne im neugotischen Stil und entschied sich, aufgrund des lokal vorherrschenden Erdbebenrisikos für Holzbauweise.

Das gesamte **Baumaterial** stammte aus den einst bewaldeten Hügeln in und um den Stadtteil Thorndon. 1866 wurde die Kirche geweiht und diente der ansässigen Gemeinde fast 100 Jahre lang als Gotteshaus. Die Old St Paul's erzählt viele Geschichten, von der frühen Kolonialzeit Wellingtons bis hin zum Zweiten Weltkrieg, in dessen Verlauf über 20.000 US-Marinesoldaten in der Region stationiert waren und die Kirche für die Soldaten ein beliebter Treffpunkt und enger Berührungspunkt mit den Bürgern wurde.

In den 1960er-Jahren baute die Diözese eine neue, größere Kirche und die Old St Paul's sollte abgerissen werden. Öffentliche Proteste retteten das Gebäude, die Regierung sprang

Wellington entdecken
Regierungs- und Geschäftsviertel

ein, kaufte die Kirche und stellte sie unter **Denkmalschutz**. Seither finden nur noch wenige Gottesdienste in dem Kirchenschiff statt, man nutzt das Gebäude vor allem für kulturelle Veranstaltungen.

Besonders beeindruckend ist das **Interieur** der Kirche und die Lichtsetzung durch die bunten, handgearbeiteten, aus Deutschland und England importierten Kirchenglasfenster. Im Gebäude liegen Informationsbroschüren aus, aber es lohnt sich auch eine **geführte Tour** durch die Old St Paul's, bei der erstaunliche Details und historische Hintergründe enthüllt werden. Die Touren finden auf Wunsch und Voranmeldung auch auf Deutsch statt.

› 34 Mulgrave St, Thorndon, Tel. 4736722, www.oldstpauls.co.nz, Eintritt: frei, geöffnet: tägl. 9.30–17 Uhr

⌃ Beeindruckende historische Holzkirche – die Old St Paul's erzählt viele Geschichten

⓱ Lambton Quay ★★★ [C2]

Der Lambton Quay bildet das Herzstück des Business District, des Geschäftsviertels der Hauptstadt. Neben unzähligen Bürogebäuden befinden sich hier viele kleine Geschäfte und Designershops, Cafés und Juwelierläden, die zum Bummeln und Beobachten des regen Lebens auf der Straße einladen. Auch das berühmte Wellingtoner Cable Car ⓴ hat hier seine Talstation.

Interessanterweise war der Lambton Quay einst als „Beach Street" bekannt, denn die Küstenlinie lag nur wenige Meter hinter der Straße, sodass manchmal die Wellen sogar bis an die Geschäfte schlugen. Mit dem starken Erdbeben an der Wairarapa Fault 1855 wurde das Erdreich im Hafenbecken angehoben. Wie viel Stadtfläche sich dabei aus dem Meer hob, wird aufgrund der Tatsache deutlich, dass der Lambton Quay heute rund 250 Meter von der Küste entfernt liegt. Benannt ist die **Geschäftsmeile** nach John Lambton, dem ersten Grafen von Durham und Vorsitzenden der New Zealand Company, welche die Besiedelung der Kolonie Neuseeland vorantrieb.

⓲ Plimmerton Statue ★ [C3]

Am Lambton Quay ⓱ bei den Plimmer Steps steht die unverkennbare Statue von John Plimmer und seinem Hund Fritz. Der „Vater von Wellington" war im 19. Jahrhundert nicht nur Bauherr und Geschäftsmann, sondern auch eine einflussreiche Persönlichkeit der Gesellschaft und Politik von Wellington.

John Plimmer (1812–1905) kam 1841 auf dem Schiff Gertrude in Wellington an, wurde schnell Teil der politischen Landschaft der Stadt und etablierte unter anderem die Wellington und Manawatu Railway Company, welche die Vororte mit der City verbinden sollte. Nach Plimmer wurde auch der Ort Plimmerton nördlich von Wellington benannt, welcher später an der Bahnstrecke entstand. 1851 kaufte der Unternehmer das gestrandete Segelschiff Inconstant auf und wandelte es mit Hilfe einer Brücke in einen der ersten Piers von Wellington um und nutze es als Lagerhalle. Der zweckentfremdete Dreimaster wurde als **Plimmer's Ark** bekannt und diente später auch als Leuchtturm, Zoll- und Auktionshaus. Die Bronzestatue von Plimmer und seinem **Hund Fritz** wurde 1996 nach einem Foto aus dem Jahr 1900 modelliert und zwischen Boulcott Street und Lambton Quay installiert.

⓴ Willis Street ★ [C4]

Die Willis Street verbindet das Geschäftsviertel um den Lambton Quay ⓱ mit dem Vergnügungsviertel um den Courtenay Place ㉛ und der Bummelmeile entlang der Cuba Street ㉕. Diese vier Areale werden oft als die „vier Viertel" von Wellington City beschrieben. Die beiden höchsten Gebäude der Stadt, der BNZ Tower der Bank of New Zealand und das Majestic Centre befinden sich an der Willis Street. Besucher erwarten in der Willis Street gemütliche Cafés ebenso wie viele Marken-, Surf- und Outdoorläden zum Einkaufen.

Kelburn – Wohnen und Studieren mit Aussicht

Kelburn gilt als der Stadtteil der Akademiker und Politiker und ist eine gute und beliebte Wohngegend. Hier befindet sich der größte Teil des Campus der Victoria University Wellingtons. Viele Häuser und Apartments haben eine hervorragende Aussicht auf die Stadt und die Wellingtoner Bucht. Das Cable Car verbindet den Stadtteil auf dem Berg mit dem Geschäfts- und Regierungsviertel am Lambton Quay, ein schneller, unkomplizierter Weg von und zur Arbeit.

▷ *Das Wahrzeichen Wellingtons, das rote Cable Car, verbindet den Lambton Quay mit dem oberhalb gelegenen Stadtteil Kelburn*

⓴ Cable Car ★★★ [A3]

Das rote Wellingtoner Cable Car ist eines der Aushängeschilder der Stadt. Es fährt im 10-Minuten-Takt vom Lambton Quay ⓱ zur fantastischen Aussichtsplattform an der Bergstation in Kelburn. Hier hat man direkten Zugang zum Botanischen Garten ㉑ und zum Cable Car Museum.

Die Idee für den Bau des Cable Car kam vermutlich von dem Geschäftsmann und Investor Martin Kennedy. In den 1890er-Jahren war Wellington die am schnellsten wachsende Stadt Neuseelands und man suchte nach Möglichkeiten, weitere Landstriche als Vororte erreich- und nutzbar zu machen.

Eine Gruppe von Geschäftsleuten hatte 1895 das Gelände in den Hügeln oberhalb der Stadt gekauft und wollte das Areal zu Bauland machen.

Wellington entdecken
Kelburn – Wohnen und Studieren mit Aussicht

Dafür benötigte man jedoch eine gute Anbindung an die City.

Designt wurde das Transportsystem von Ingenieur James Fulton aus Dunedin. Die **Strecke** musste absolut gerade verlaufen und alle existierenden Straßen sollten unberührt bleiben, sodass die Strecke durch drei Tunnel und über drei Viadukte verläuft. 785 Meter Länge waren erforderlich, um den Höhenunterschied von 119 Metern zu überwinden. Der zunächst vorgesehene Antrieb mittels der Balance von Wassergewichten zwischen zwei Zügen wurde nicht umgesetzt. Als die Bauarbeiten 1902 abgeschlossen waren, benutzte man schließlich einen Dampfantrieb für die zwei Waggons. Erst 1933 wechselte man den Dampfantrieb für den Seilzug gegen einen Elektromotor aus, der schließlich 1978 durch einen Schweizer Hybrid-Antrieb mit neuen Wagen ersetzt wurde.

Wer an der Bergstation aussteigt, kann auf der **Aussichtsplattform** einen spektakulären Ausblick auf die Innenstadt und das Hafenbecken genießen. Das Wellingtoner Cable Car ist eines der am häufigsten fotografierten Touristenmotive der Stadt. An der Bergstation liegt zudem das kostenlose **Cable Car Museum**, in dem der Besucher alles zur Entstehung und Geschichte der roten Kultbahn erfahren kann (s. S. 36).

› 1 Upland Rd, Kelburn, Tel. 4722199, www.wellingtoncablecar.co.nz, Eintritt (Hin- u. Rückfahrt): Erwachsene $ 7, Kinder (5–15 J.) $ 2,50, Familienkarte $ 17, geöffnet: Mo.–Fr. 7–22 Uhr, Sa. 8.30–22 Uhr, So. 9–21 Uhr – alle 10 Min.

Wellington entdecken
Kelburn – Wohnen und Studieren mit Aussicht

㉑ Botanic Gardens ★ [A3]

Der Botanische Garten zeigt auf 25 Hektar Fläche sowohl viele heimische Gewächse als auch exotische Pflanzen aus aller Welt. Der Park ist auch zum Spazierengehen und Ausspannen wunderbar geeignet.

Bereits 1844 sah die New Zealand Company in den Besiedelungsplänen ein großes Areal Landfläche für den Aufbau eines Botanischen Gartens vor. Die steilen Hügel waren zu dieser Zeit noch von dichtem Waldbestand geprägt, mit Rimu-, Totara- und Matai-Bäumen überzogen. 1868 wurde der Botanische Garten angelegt und viele der Bäume, die heute dort wachsen, wurden in dieser Zeit gepflanzt. Sie zählen zu den **ältesten exotischen Bäumen Neuseelands.** Seit 1891 befindet sich die Verwaltung der Botanic Gardens in den Händen des Wellingtoner City Councils. Man findet hier eine wunderschön angelegte Landschaft aus Wegen, Beeten und Grünflächen, geschütztem heimischen Wald ebenso wie speziellen Pflanzensammlungen. Außerdem werden in der Parkanlage wunderschöne **Events** veranstaltet wie z. B. das Tulpenfest im Frühjahr (Ende Sept.), wenn über 25.000 Blumen in voller Blüte stehen. Von vielen Wegen aus hat man einen fantastischen Ausblick auf die Stadt. Das Begonia Haus mit tropischen Gewächsen sowie das angegliederte **Café Picnic** sind auch bei schlechterem Wetter eine gute Adresse.

› Bergstation Cable Car, 101 Glenmore, Kelburn oder Anreise per Bus Nr. 3 Richtung Karori oder Bus Nr. 13 Richtung Mairangi, jeweils Haltestelle Botanic Gardens, Tel. 4991400, geöffnet: täglich von Sonnenauf- bis Sonnenuntergang, Eintritt: frei

KLEINE PAUSE
Verschnaufpause im Blütenrausch
Der Botanische Garten eignet sich hervorragend für ausgedehnte Picknicks. Wer den Weg von der Bergstation des Cable Car in Richtung Tal läuft, gelangt zum Begonia House, einem Gewächshaus für tropische Pflanzenarten, welches auch ein nettes, gemütliches Café beherbergt.

⊙93 [A2] **Café Picnic**, Begonia House Botanic Gardens, Tel. 4726002, www.picniccafe.co.nz, geöffnet: tägl. 8.30–16 Uhr

㉒ Carter Observatory (Planetarium) ★★ [A3]

Das Carter Observatory ist ein modernes und historisches Planetarium zugleich. Die Ausstellung ist interaktiv, die Filme werden an die Decke der Kuppel projiziert und das historische Thomas-Cooke-Teleskop ist noch immer funktionsfähig. Dieser Besuch ist nicht nur für Weltraumfans interessant!

Spannend für alle Europäer ist, den nächtlichen Sternenhimmel einmal von der anderen Seite der Welt aus zu sehen. Der Himmel über Neuseeland zeigt nicht nur deutlich die Milchstraße, der Mondverlauf ist „verkehrt" herum und der Sternenhimmel sieht zunächst „fremd" aus. All diese Besonderheiten sowie viele interessante Infos rund um die Themen Raketen, Sterne, Planeten, das Universum und die Raumfahrt vermittelt das Carter Observatory in seiner **multimedialen Ausstellung.**

▷ *Im Naturreservat Zealandia leben vom Aussterben bedrohte Tierarten*

Wellington entdecken
Kelburn – Wohnen und Studieren mit Aussicht

Welche Bedeutung der **Sternenhimmel für Maori** hatte und wie Polynesier anhand von Astronavigation nach Neuseeland fanden, wird in einer eigenen kleinen Ausstellung erläutert.

Ein großes faszinierendes **Kuppelkino** mit einer Deckenleinwand von neun Metern im Durchmesser zeigt täglich Filme, bei denen man (fast) in Liegeposition, die Augen gen Kuppel richtet und so eine virtuelle Filmreise ins Universum unternimmt. Ein besonderes Highlight ist das historische Teleskop, welches an Abenden mit langer Öffnungszeit von den Besuchern genutzt werden kann. Bei guten Wetterverhältnissen öffnet sich das Gebäudedach und man kann mit dem riesigen Teleskop selbst in Neuseelands Nachthimmel blicken.

› in den Botanic Gardens, nahe der Bergstation des Cable Car, Buslinien 17, 18, 20, 22, 23, 47, Haltestelle Glasgow Street Nr. 5916 oder 4916, Tel. 9103140, www.carterobservatory.org, Eintritt: Erwachsene $ 18,50, Kinder (4–16 J.) $ 8, Kleinkinder frei, versch. Familienpässe, geöffnet: Mo./Mi.–Fr. 10–17 Uhr, Di./Sa. 10–21.30 Uhr, So. 10–17.30 Uhr

㉓ Zealandia ★★★ [ak]

Zealandia ist ein Sanctuary (Naturreservat) für Neuseelands bedrohte Tierarten. Das 225 ha große Areal wurde mit einem Zaun abgetrennt und von eingeschleppten Tieren wie Possums, Ratten und Wieseln befreit, welche die heimischen Tierarten in freier Wildbahn extrem bedrohen und dezimieren. So konnten sich die Populationen hiesiger Tier- und Pflanzenarten ohne schädliche Einflüsse regenerieren.

Die mühsame Wiederansiedelung bedrohter Tiere und die intensive Naturschutzarbeit haben sich gelohnt. Heute kann man in Zealandia seltene Reptilien und Vögel in freier Wildbahn beobachten. Die Halbdinosaurier Tuatara, die Rieseninsekten Wetas und seltene heimische Vögel wie Saddleback, Kiwi und Takahe leben hier nur 10 Min. vom Stadtzentrum entfernt in einem **Naturreservat**, dessen Ökosystem so wiederhergestellt wurde, wie es in Neuseeland vor Millionen von Jahren einmal vorherrschte.

Die tolle **interaktive Ausstellung** schickt den Besucher auf eine faszinierende Zeitreise in die Vergangenheit zu Riesenvogel Moa und den

Anfängen von Gondwanaland, dem Urkontinent, aus dem Neuseeland hervorging. Sie liefert zudem Hintergrundinformationen zur Naturschutzarbeit und der mühevollen Nachzucht bedrohter Spezies. Neben der fantastischen Nachttour, bei der Kiwis in freier Wildbahn beobachtet werden können, hat Zealandia auch immer wieder interessante Sonderprojekte und -touren im Programm.

Der kostenlose **Shuttlebus** vom i-Site Visitor Centre (s. S. 108) am Civic Square ❾ und der Bergstation des Cable Car ⓴ in Kelburn ist ein absoluter Bonus. In nur 15 Minuten Fahrtzeit gelangt man ins Reservat.

› Waiapu Rd, Karori, Tel. 9202222, www.visitzealandia.com, Eintritt: Ausstellung und Sanctuary: Erwachsene $ 17,50, Kinder (5–14 J.) $ 9, Kleinkinder frei, Familienpass (2 Erw. $ 3 Kinder) $ 44, geöffnet: tägl. 10–17 Uhr

Te Aro – das Vergnügungsviertel

Te Aro wird das Viertel der Innenstadt genannt, welches sich vom Courtenay Place bis zum Fuße des Wellingtoner Stadthügels und gleichnamigen Stadtteils Mount Cook ausdehnt. Te Aro ist im Gegensatz zu vielen anderen Teilen der Stadt relativ eben und beherbergt mit dem Courtenay Place die Restaurant-, Flanier-, Unterhaltungs- und Partymeile von Wellington.

Nur rund 3000 Menschen leben in den Apartments von Te Aro, während dort über 16.000 Menschen ihre Arbeitsstelle haben. Neben einigen schicken Dachgeschosswohnungen und Apartments liegen hier die meisten Hostels und einige Motels. Te Aro gilt als größtes Vergnügungsviertel Neuseelands. Auch nach Geschäftsschluss steht hier das Leben nicht still. Dann verwandelt sich der Courtenay Place ㉛ zur Partymeile, viele Bars und Klubs haben bis nach 3 Uhr morgens geöffnet. Auch unzählige Theater, Kinos und Veranstaltungshäuser liegen in Te Aro und jede Busverbindung innerhalb und außerhalb der Stadt hält am Courtenay Place.

㉔ St Mary of the Angels Church ★★ [B4]

Die katholische Gemeinde von St Mary wurde 1843 in einem kleinen Haus an der Waterfront im Hafen von Wellington gegründet. Priester Jeremiah O'Reily schaffte es bereits 1846 an genau der Stelle, an der heute die Kirche steht, eine kleine Kirche für die größer werdende Gemeinde zu bauen. Das Grundstück in Hanglage war noch nie ideal. Das Gebäude wurde über die nächsten 30 Jahre immer wieder erweitert, 1873 neu gebaut und dann nach einem Feuer 1922 in seiner heutigen Form errichtet.

Nach dem Heiligtum der Franziskaner im italienischen Assisi bekam die Kirche ihren Namen St Mary of the Angels. Die Kirche ist im Stil der französischen Gotik geplant und der Saint-Michel-et-Gedule-Kirche in Brüssel nachempfunden. Aus Sorge um weitere Feuer und aus Kostengründen wurde das Gotteshaus aus Stahlbeton gebaut. Heute vermutet man, dass dies die erste neugotische Kirche war, die aus „flüssigem Stein" gebaut wurde, wie man den Baustoff damals nannte. Der Dachstuhl wurde aus Beton-

▷ *So extravagant und bunt wie das Schild ist auch das Leben in der quirligen Cuba Street*

Te Aro – das Vergnügungsviertel

bögen gefertigt, das Dach selbst aus Holz und Ziegeln aufgesetzt. Anschließend wurde das Gebäude aufwendig verziert und mit handgemalten Buntglasfenstern ausgestattet.
› 17 Boulcott St, Tel. 4738074, www.smoa.org.nz, geöffnet: **derzeit wegen Bauarbeiten zur Erdbebenverstärkung geschlossen**

㉕ Cuba Street ★★★ [C5]

Die Cuba Street ist die bekannteste Straße von Wellington. Sie steht für Unterhaltung, Kunst und Shopping und beheimatet Cafés, Restaurants und Pubs sowie viele alternative kleine Secondhand-, Musik- und Trödelläden.

Bucket Fountain – verrückter Springbrunnen lässt Passanten springen

So verrückt diese Spielerei mit Wasser auch aussehen mag, genauso beliebt ist die Bucket Fountain in der Cuba Street. Sie gehört seit 1969 zu Wellingtons eigenartigsten Wahrzeichen.

Trotz mehrerer Überholungen und Neugestaltungen der Cuba Street durch das Wellingtoner City Council hat die Bucket Fountain nach wie vor ihren festen Platz in der Bummelmeile und im Herzen der Bürger. Bunte, frei schwingende Schaufeln werden voll Wasser gegossen und schütten sich dann gegenseitig durch das zunehmende Gewicht das Wasser nach unten in den Pool. So war die Theorie, doch in der Praxis spritzt das Wasser nicht nur in das Becken, sondern auch immer wieder in hohem Bogen auf die umstehenden Passanten. Manchmal verpasst die sich entleerende Wassermenge die darunterliegende Schaufel und das Mobile kommt etwas aus dem Gleichgewicht. Wenn auch vom Designer so nicht beabsichtigt, ist das Wasserspiel nicht nur für Kinderaugen faszinierend, sondern an einem heißen Sommertag eine gelungene Abkühlung.
› Cuba Mall, Cuba Street Fußgängerzone, www.bucketfountain.co.nz

Wellington entdecken
Te Aro – das Vergnügungsviertel

Benannt wurde die Bummelmeile nach dem Siedlerschiff Cuba, welches 1840 in den Wellingtoner Hafen einlief.

Dort, wo heute die **Fußgängerzone Cuba Mall** liegt, führte einst die Tramstrecke durch die Innenstadt. 1969 wurden die Gleise entfernt und das mittlere Stück der Straße, die heutige Fußgängerzone, für die Bauarbeiten gesperrt. Die verkehrsfreie Zone war derart beliebt, dass sie bis heute so erhalten blieb und zur quirligsten Zone der Stadt wurde. Dort, wo in den 1970er-Jahren das Rotlichtviertel lag und die Prostituierten standen, sind heute nur noch wenige Stripklubs zu finden.

Die Cuba Street gilt heute **als In-Viertel für Alternative**, Kunsthochburg mit vielen Galerien sowie als Zuhause für unzählige Straßenmusiker und Entertainer. Hier befindet sich auch die von den Bürgern geliebte Bucket Fountain (s. S. 77). Einmal im Jahr findet hier der bunte **Cuba Street Carnival** statt.

㉖ National War Memorial und Carillon ★★ [C7]

Das Nationale Kriegsdenkmal besteht aus der Gedenksäule, der Hall of Memories, der Grabstätte des Unbekannten Soldaten sowie einem imposanten antiken Glockenspiel.

Nach Ende des Ersten Weltkrieges im November 1919 wurde das Wellingtoner Kriegsdenkmal von der Stadt in Auftrag gegeben. Am ANZAC Day 1932 wurde zunächst der Turm, welcher das Glockenspiel (Carillon) enthält, eröffnet. Erst 1964 ergänzte man dann die Hall of Memories.

Das **Glockenspiel** besteht aus 74 unterschiedlich großen Glocken, die mittels einer Art Orgel gespielt werden. Heute gibt es nur noch 650 Glockenspiele dieser Art auf der ganzen Welt. In Gedenken an die Toten hat jede einzelne Glocke einen Namen. Die Glocken variieren im Gewicht zwischen 10 Kilo und 12,5 Tonnen. Die sogenannte „Peace"-Glocke ist die größte ihrer Art in der südlichen Hemisphäre. Mit einem kombinierten Gewicht von 70,5 Tonnen und einem musikalischen Tonumfang von 6,5 Oktaven ist das Wellingtoner Glockenspiel das drittgrößte der Welt.

Heute gibt es nur noch einen Neuseeländer, der das Glockenspiel bedienen kann. Er unterrichtet derzeit einige Schüler, damit die Tradition des Carillon in Wellington fortleben kann. Zwischen September und Juni finden täglich **Mittagskonzerte** statt und an vielen Feiertagen können Besucher das Glockenspiel hören.

An die Hall of Memories grenzen sechs kleine **Kapellen**. Die Maori-Schnitzerei *Tahiwi* erinnert an das Maori-Bataillon, welches im Zweiten Weltkrieg in Gallipoli kämpfte. Die Statue „Mother and Children" soll an das Leid der vaterlosen Familien während der Kriegszeit erinnern. Hinter Glas befinden sich die „Roll of Honor", Bücher, in denen die Namen von nahezu 30.000 Kriegstoten aufgeführt sind.

Im **Grab des Unbekannten Soldaten** *(Tomb of the Unknown Warrior)* liegen die Gebeine eines von 9000 namenlosen neuseeländischen Soldaten, dessen sterbliche Überreste nach dem Tod im Ersten Weltkrieg vom Soldatenfriedhof „Caterpillar Valley" an der Somme in Frankreich zurück nach Neuseeland transportiert worden waren.

Das National War Memorial soll heute nicht nur der Toten der beiden Weltkriege, sondern auch aller ande-

Wellington entdecken
Te Aro – das Vergnügungsviertel

ren neuseeländischen Soldaten gedenken, die in Kriegen oder während internationaler Friedensmissionen ihr Leben ließen.

› Buckle Street, Tel. 3852496, www.mch.govt.nz/nz-identity-heritage/national-war-memorial/carillon, Eintritt: frei, geöffnet: Mo.–Sa. 10.30–16.30 Uhr, So. 12–16.30 Uhr, geschl.: die Hall of Memories ist derzeit wegen Erdbebenverstärkungsarbeiten gesperrt

㉗ New Zealand Dominion Museums Building ★ [C7]

Das New Zealand Dominion Museums Building wurde 1936 gebaut und befindet sich direkt hinter dem National War Memorial ㉖. Heute gehört das historische Gebäude zum Komplex der Massey University.

Anfänglich befanden sich in diesem Gebäude das Nationalmuseum von Wellington sowie die National Art Gallery und die Academy of Fine Arts. 1972 wurde das Dominion Museums Building vom Parlament noch offiziell in National Museum umbenannt. Als 1992 dann das Te Papa Tongarewa ❷ gebaut wurde und die Nationalmuseum und die Galerien dorthin umzogen, wurde der Bau **Teil des Campus der Massey Universität**. Im Dominion Museums Building sitzt derzeit die Fakultät der Bildenden Künste.

Das Gebäude war seither wegen seiner **imposanten Front** schon für diverse Filmproduktionen interessant. So drehte Peter Jackson hier 1996 einen Teil seines Filmes „The Frighteners" und 2012 wurden Einstellungen zum Kinofilm „Emperor – Kampf um den Frieden" vor der Kulisse des historischen Dominion Museums Building aufgenommen.

› Buckle Street, Mt. Cook

㉘ New Zealand Film Archive ★ [C6]

Das Filmarchiv beherbergt die neuseeländische Film- und TV-Geschichte. Seit der Gründung 1981 wurden hier mittlerweile über 150.000 Titel, Spielfilme, Dokumentationen, Kurzfilme, Nachrichten, TV-Programme und Werbungen eingelagert. Ob Kiwi-Klassiker oder Jacksons erste Werke, in der Medienbibliothek befinden sich alle Bewegtbilder seit den frühesten Aufnahmen von 1895. Mithilfe der Onlinesuchfunktion im Filmkatalog, kleinen Leuchttischen und dem angegliederten Café werden Filmfans in diesem Archiv sicherlich fündig und können sich gut und gerne einige Stunden aufhalten. Zudem gibt es eine Galerie, täglich neue Events und Vorführungen zu den unterschiedlichsten Themenbereichen der neuseeländischen Geschichte des Bewegtbildes.

› 84 Taranaki St, Te Aro, Tel. 3847647, www.filmarchive.org.nz, geöffnet: Archiv: Mo.–Fr. 9–17 Uhr, Kino: Mi.–Sa. 19 Uhr, Café und Galerie: Mo./Di. 9.30–16 Uhr, Mi.–Fr. 9.30–19 Uhr, Sa. 16–19 Uhr

㉙ Queen Victoria Statue ★ [D6]

Diese Statue zeigt Queen Victoria, die in der Hand eine Miniaturversion der Freiheitsstatue hält. Sie thront, wie der Bildhauer Alfred Drury vorgeschlagen hatte, auf einem Sockel, um einen imposanteren Effekt zu erzielen.

Nach dem Tod der Königin von England 1901 gab die Stadt die Bronzestatue in Auftrag, welche dann 1905 zunächst am Post Office Square enthüllt wurde. Governor Lord Plunket machte in seiner Rede auf die Parallele zur Freiheitsstatue

Wellington entdecken
Te Aro – das Vergnügungsviertel

aufmerksam: „Diese Statue soll den ängstlichen Neuimmigranten zeigen, dass sie hier auf loyale Briten treffen und dennoch die Freiheit haben, aus den Grenzen des britischen Reiches zu gelangen und neuer Wohlstand bevorsteht." Sechs Jahre später war die Statue eine Gefahr für den zunehmenden Verkehr und wurde an ihren heutigen Platz versetzt.

Auf der Rückseite des Sockels befindet sich ein Flachrelief, auf dem die Unterzeichnung des Treaty of Waitangi (s. S. 49) verewigt ist. Ein Maori-Häuptling steht links und William Hobson, der Unterzeichner der britischen Krone, ist rechter Hand zu sehen. Das Bild des Reliefs war bis 1967 auf der Rückseite der damaligen neuseeländischen Zehn-Schilling-Banknote abgebildet.

❯ zwischen Kent und Cambridge Tce

㉚ Tripod Statue ★★ [D6]

Das überdimensionale, monströs wirkende Filmstativ (tripod) wurde 2005 von der Stadt Wellington beim Weta Workshop in Auftrag gegeben, um den Schöpfern der erfolgreichen Film- und TV-Industrie von Wellington ein Zeichen der Anerkennung zu setzen.

Sir Richard Taylor, Kopf und Gründer des Weta Workshops ㊴, erklärte die Kreation mit den Worten: „Wir wollten nicht nur die ansässige Filmindustrie des Landes anerkennen, sondern auch ihren Erfindergeist würdigen, die unverwechselbare Fähigkeit der Kiwis, aus den einfachsten Dingen etwas zaubern zu können." Wer sich die Filmstativ-Statue genauer ansieht, findet dort **recycelte Materialien** wie Teile einer alten Kamera, Nintendo Gameboys, Sandwich-Toaster, Radios und Eisenbahnschienen. Die Kamera selbst wurde aus einem Motorblock gefertigt und der Sucher ist ein alter Haarfön.

Wellingtons Filmindustrie weist nirgendwo mit großen Schildern auf sich hin. Auch der Ruf nach einem großen „Wellywood"-Schild in Miramar als Pendant zum „Hollywood"-Schild in L.A. wurde niedergeschmettert. Das Tripod ist deshalb besonders außergewöhnlich, kreativ und mit typischem Kiwi-Humor designt, denn man will sich selbst nie zu ernst nehmen.

❯ Courtenay Place ㉛, gegenüber dem Embassy Theatre

◁ *Das überdimensionale Filmstativ soll die Errungenschaften der Wellingtoner Filmindustrie würdigen*

▷ *Verrückte Fans aus aller Welt kamen zur Weltpremiere des ersten Teils des „Hobbit" nach Wellington*

Wellington entdecken
Te Aro – das Vergnügungsviertel

Die **Vielseitigkeit des Courtenay Place** versinnbildlicht die Lebenskultur der Wellingtoner Bürger, ihre Liebe zu Kunst, Kultur, Musik und Film. Die Atmosphäre in dieser Straße liefert Inspiration für Besucher jeden Alters und lädt ein, selbst in das Wellingtoner Nachtleben einzutauchen.

❸❶ Courtenay Place ★★★ [D6]

Der Courtenay Place ist die Hauptstraße durch das Vergnügungsviertel, das Courtenay Quarter, welches zum Stadtteil Te Aro gehört. Das größte Entertainment-Areal in Neuseeland ist 24 Stunden, sieben Tage die Woche belebt. Wer keinen Abend am Courtenay Place erlebt hat, kennt Wellington nur halb.

Am Courtenay Place reiht sich ein Restaurant an das nächste, Bars, Pubs, Klubs und Veranstaltungszentren wie Kinos, das Opera House und Theater haben hier ihre Heimat gefunden. Besonders am Abend bis in die frühen Morgenstunden wird hier gefeiert. Straßenkünstler zeigen den Menschenmengen ihre Performances. Neben zahlreichen **Filmpremieren**, bei denen Hunderte von Metern roter Teppich entlang des Courtenay Place ausgerollt wurden, findet hier alle zwei Jahre das **New Zealand International Arts Festival** (s. S. 42) statt.

❸❷ Embassy Theatre ★★★ [E6]

Das Embassy Theatre ist Neuseelands berühmtestes Kino. Hier fanden die Weltpremieren vom dritten Teil der Herr-der-Ringe-Verfilmung sowie des ersten Teils des Hobbit statt. Doch das Wahrzeichen von Wellington ist nicht nur ein Highlight für Tolkien-Fans, sondern lockt mit seinem historischen Charme, mit einer Bar und einem Café.

1924 wurde das heutige Embassy Theatre gebaut und agierte dann bis 1945 unter dem Namen „De Luxe". Seither wurde das Kino mehrfach komplett renoviert und mit der neuesten Technik ausgestattet. Zu jedem neuen Blockbuster aus Wellywood werden auf dem Dach des Embassy Theatres gigantische überdimensionale Figuren installiert. Doch auch an einem gewöhnlichen Tag ist das Kino einen Besuch wert.

Viele **klassische Details des Interieurs** wurden in aufwendigen Renovierungsarbeiten erhalten, so beispielsweise die Marmorwendeltreppe mit geschwungenen eisernen Handläufen. Kinogänger finden hier den Charme eines Theaters, welcher in den modernen Multiplex-Kinos verloren gegangen ist. Rote Samtvorhänge, edle Sitze und die hochwertige Ausstattung des Saales machen jeden Film zum Erlebnis.

Ausgestattet wurde das Embassy mit einer gigantischen Leinwand und

Rund um den Mount Victoria

einem Hightech-Soundsystem. Peter Jackson selbst soll einen Teil der Renovierungskosten finanziert haben, um das historische Theater für seine erste Weltpremiere in Wellington auf Hochglanz zu bringen. Während der **Renovierungsarbeiten** wurde der ehemalige Orchestergraben, welcher in den 1920er-Jahren bei Stummfilmen genutzt wurde, umgebaut und in zwei kleinere Luxuskinos und eine gemütliche **Bar** verwandelt. Die Kinos tragen den Namen „deLuxe" nach dem Originalnamen des Gebäudes. Zu empfehlen sind auch die **Lounge-Bar** im Erdgeschoss und das **Blondini's Café** im ersten Stock.
> 10 Kent Terrace Ecke Courtenay Place, Tel. 3847657, www.embassytheatre.co.nz, Eintritt: je nach Vorstellung

Kleine Einfamilienhäuser und historische Cottages an den steilen Hängen des Mount Victoria

Rund um den Mount Victoria

Der Grüngürtel um die Stadt ist ein natürlich bewaldeter Park mit einigen Rasenflächen und unzähligen Wander- und Spazierwegen, die auch gerne von Mountainbikern benutzt werden. Das Wohnviertel mit dem gleichen Namen ist beliebt und teuer.

33 Mount Victoria Park ★★★ [F6]

Der Mount Victoria Park ist Wellingtons Stadtpark und Mount Victoria ist sowohl die Bezeichnung für den Berg als auch den Stadtteil, welcher auf dem Hügel an die Innenstadt grenzt. Die grüne Oase ist mit natürlichem Wald bewachsen und eignet sich hervorragend zum Ausspannen, Spazierengehen und Mountainbiken.

Mount Victoria thront 196 Meter über dem Meeresspiegel und

Wellington entdecken
Rund um den Mount Victoria

eignet sich daher hervorragend als Aussichtspunkt mit einem Rundumblick über die City. Der ursprüngliche Name in Te Reo Maori war Tangi Te Keo. Viele Bürger nutzen den Park zum Joggen oder als „grünen Weg" zur Arbeit in die Stadt. Der „**grüne Gürtel**" verbindet die Stadtteile Oriental Bay mit Newtown, Roseneath und Hataitai. Zwei Tunnel führen unter dem Berg hindurch, um Autofahrern einen schnellen Zugang zur Innenstadt zu verschaffen. Schon 1841 legte die New Zealand Company in ihren Plänen fest, aus diesem Stück Land einen Erholungspark für die Bürger zu kreieren.

㉞ St Gerard's Church and Monastery ★ [F5]

Die gotische Klosterkirche ist einer der charakteristischen Orientierungspunkte in der Stadtsilhouette. Sie liegt präsent auf dem Mount Victoria direkt oberhalb der Oriental Parade. Die Kirche wurde 1908 nach den Plänen des bekannten Architekten John Sydney Swan gebaut und war die erste Kirche der Welt, welche **dem italienischen Heiligen Gerard Majella gewidmet** wurde. In der Kirche hängt ein Ölgemälde, welches den heiligen Gerard darstellt. Das Kloster wurde 1932 aus öffentlichen Spendengeldern an die Kirche angebaut. Bis heute finden in der katholischen Kirche mit den bunten Kirchenglasfenstern und einem Marmoraltar an Sonntagen Messen statt.

› 75 Hawker St, Mt Victoria, Tel. 3850915

Die Klosterkirche St Gerard's oberhalb der Oriental Parade

㉟ Mount Victoria Lookout ★★★ [G6]

Der Panoramablick von hier oben über den Hafen, Buchten, grüne Hügel und die Innenstadt von Wellington kann kaum faszinierender sein.

Wer Wellington nicht von oben gesehen hat, bekommt nur schwer einen Eindruck der Ausdehnung und des Charakters der Hauptstadt. Der Weg zur **Aussichtsplattform** mit dem Auto, per geführter Tour (s. S. 121) oder dem Bus Nr. 20 (Endstation Lookout) lohnt sich. Am Ende der Straße steht ein Denkmal von Richard Byrd, dem amerikanischen Piloten, der von Neuseeland aus mehrere Expeditionen in die Antarktis unternahm. 1929 schaffte er den ersten Flug über den Südpol.

Von ganz oben aus kann man vom Hafeneingang Richtung Miramarhalbinsel, über Somes Island mitten im Hafenbecken bis in das östlich gelegene Eastbourne blicken. Entsprechende Infotafeln helfen bei der Orientierung. Tipp: Kamera nicht vergessen!

› Lookout Road, Gipfel Mount Victoria

Halbinsel Miramar

Die natürliche Halbinsel Wellingtons beherbergt wunderschöne Buchten ebenso wie die Stadtteile Miramar, Lyall Bay, Breaker Bay und Seatoun. Im Zentrum Miramars schlägt das Herz der Wellingtoner Filmindustrie.

Wer sich mit dem Bus oder Auto auf den rund 20-minütigen Weg nach Miramar macht, sollte dann auch die gesamte Halbinsel auf der Küstenstraße umrunden. Der Abstecher aus der City lohnt sich, um Wellingtons Alltag und Schönheit abseits der Touristenpfade der Innenstadt zu entdecken.

Filmviertel Miramar

㊱ Stone Street Studios ★ [cl]

Das über 32.000 m² große Areal in Miramar bildet das Herzstück für Kinofilmdreharbeiten. Hier gibt es vier verschiedene Studios, eines davon ist die mit 2276 m² größte Sound-Stage, das **größte Studio der Welt**, welches damals für die Arbeiten an „King Kong" errichtet wurde. Zudem befinden sich hier diverse Büros, das Art Department, welches für das Design, den Bau und die Ausstattung der Sets zuständig ist, sowie deren Konstruktionsmannschaft, Kostüm- und Make-up-Einrichtungen und ein großes multifunktionales Außenareal mit einem überdimensionalen Green-Screen für Trickaufnahmen, in denen später digital ein neuer Hintergrund in den Film eingesetzt wird und der auch für Regenaufnahmen genutzt werden kann.

Während aktueller **Dreharbeiten** wird das Areal von Hunderten von Wohnwagen besiedelt, in welchen die Schauspieler ihre Garderoben beziehen. Die Stone Street Studios wurden von Peter Jackson und einigen Filmkollegen für Filmemacher aus aller Welt gebaut. Neben Jackson arbeiten beispielsweise auch James Cameron und Steven Spielberg in den Studios. Hier entstanden Teile der „Herr-der-Ringe"-Trilogie, von „Avatar", „King Kong" und natürlich dem „Hobbit". Obwohl die Studios nicht öffentlich zugänglich sind, lohnt sich ein kurzer Stopp, bei dem man häufig durch den Zaun oder die Tore einen Blick auf die aktuellen Filmsets erhaschen kann.
❯ Stone Street, Miramar

㊲ Roxy Cinema ★★ [cl]

Das ehrwürdige, restaurierte Kino ist sowohl vom künstlerischen Interieur wie auch filmisch durch seine Inhaber und Geschichte bedeutend für Wellingtons Filmfreunde. Das Café-Restaurant Coco sowie Interieur und Bar laden zur Zeitreise in die Filmwelt um 1930 ein.

Das Roxy macht einen Kinobesuch zum Kinoerlebnis und füllenden Abendprogramm. Doch auch untertags lohnt sich ein Blick in die heiligen Hallen der Kinomacher und Filmfreunde Miramars. Ursprünglich beherbergte das Gebäude das **Capitol Theatre**, welches im Jahre 1928 errichtet wurde, um Stummfilme zu zeigen. Das Kino wurde später mit neuer Technik ausgerüstet und war bis 1964 in Betrieb, bevor es in eine kleine Einkaufsmeile umfunktioniert wurde.

Sein idealer Standort mitten in Miramar ließ die **Camperdown Studio Group** aufmerksam werden, welche das Areal aufkaufte und stets den Wunsch hegte, die Kinokultur des Gebäudes für die Gemeinde Miramar wieder aufleben zu lassen. Allerdings kamen Großprojekte wie die Verfilmung der „Herr-der-Ringe"-Trilogie in die Wege und verzögerten den Beginn der Restauration. Unter ande-

Wellington entdecken
Halbinsel Miramar

rem gehört der Komplex den Gründern des Weta Workshop Tania Rodger und Sir Richard Taylor, Oscar-Gewinner und Filmeditor Jamie Selkirk, dessen Frau Ann und Filmliebhaberin Jo-Anne Lundon. Gemeinsam saß die Gruppe ab 2006 über Architekturplänen und sammelte Ideen, die schließlich in einer aktiven Bauphase umgesetzt wurden, sodass im April 2011 der Wiedereröffnung des Roxy als legendäres Kino Miramars nichts mehr im Weg stand.

Die gesamte **Innendekoration** und das Design stammen aus den kreativen Händen des Weta Workshop. Wand- und Deckenmalereien, filmbezogene Statuen, Lampen und der Treppenaufgang im Art-déco-Stil zeugen von der Liebe zum Detail und der künstlerischen Meisterleistung der Requisitenmacher. Seit der Wiedereröffnung finden immer wieder Sondervorführungen und -veranstaltungen aus und mit der hiesigen Filmszene im Roxy statt. Ein Blick in den Eventkalender und in die Menükarte des im 1930er-Jahre-Stil gehaltenen angegliederten **Restaurants Coco** in der Lobby lohnen sich. In diesen Räumen wandelte neben Peter Jackson schon so mancher Filmstar.

› 5 Park Road, Miramar, Tel. 3885555, www.roxycinema.co.nz, Eintritt: ins Gebäude und Café kostenfrei, Kinotickets ab $ 10 für Kinder, $ 16 für Erwachsene, geöffnet: tägl. 9 Uhr bis Filmende der jeweiligen Spätvorstellung

㊳ Park Road Post Production ★★ [d]

Park Road Post ist die edle Luxus-Post Produktionsstätte von Peter Jackson. Neben dem Wellingtoner Starregisseur nutzen auch viele internationale Produzenten und Hollywood-Filmemacher die Hightecheinrichtung in Wellington.

Park Road Post entstand aus der ehemaligen National Film Unit Neuseelands und wird auf 1941 zurückdatiert. Mit der Karriere von Pe-

◁ Die Wandmalerei hinter der Bar des Roxy stammt aus den kreativen Händen des Weta Workshop

Halbinsel Miramar

ter Jackson wuchs auch der Bedarf an einer eigenen Postproduktionseinrichtung. „Park Road ist von Filmemachern für Filmemacher", beschreibt Jackson den luxuriösen Gebäudekomplex. Man macht hier vor den neuesten technischen Errungenschaften nicht halt und so wird eine **Weltklasseausstattung** beispielsweise in den Bereichen Ton und Farbanpassung geboten. Ein eigenes Hightech-Kino, in dem viele Blockbuster lange vor dem Kinostart gezeigt werden, drei Luxus-Apartments für internationale, oft prominente Gäste, private Lounges, ein Café, ein Fitnessstudio, Konferenzsäle und Privatbüros – die Liste des Komforts um den eigentlichen Arbeitsplatz der Filmemacher ist lang und soll ein annehmliches, wohnliches und vor allem bequemes **Luxusarbeitsumfeld** schaffen, in welchem der Kreativität keine Grenzen gesetzt sind.

Die Weta Caves sind eine Pilgerstätte für Filmfans aus aller Welt

Auch wenn man den Gebäudekomplex nur von der Straße aus begutachten kann und dieser Ort einer der wenigen in Miramar ist, an dem Sicherheitsleute eingesetzt werden, ist das Gelände eine Pilgerstätte für interessierte Fans.

› 141 Park Road, Miramar, www.parkroadpost.co.nz, für die Öffentlichkeit unzugänglich

㊴ Weta Workshop ★ [ck]

Im Weta Workshop arbeiten die kreativsten Köpfe Neuseelands im Bereich Filmdesign, Kostüme, Requisiten, Modelle und Miniaturen, Waffen, Special Effects Make-up, Fahrzeuge und Kreaturen. Hier werden Fantasie- und Filmwelten Wirklichkeit.

Gegründet wurde der Workshop 1989 von Jacksons Freund **Richard Taylor** und seiner Partnerin **Tania Rodger**. Mit über 25 Jahren Erfahrung im Bereich Requisiten, Special Make-up, Miniaturen und Kostüme beliefern die kreativen Köpfe die internationale Filmindustrie mit allem,

Wellington entdecken
Halbinsel Miramar

was für die Erschaffung eines Leinwandepos nötig ist. Vom Konzeptdesign bis zur Produktion der Requisiten kommt alles aus einer Hand, den Werkhallen in Miramar. Ob für „Der Herr der Ringe", „King Kong", „Avatar", „District 9", „Tim und Struppi" oder den „Hobbit", die Kombination aus immens kreativem Potenzial und den neuesten Technologien hat dem Team des Weta Workshops bereits fünf Oscars beschert.

Auch wenn große Teile des Workshops infolge von Geheimhaltungsverträgen mit Filmproduktionen unter Verschluss gehalten werden, bieten gleich nebenan die **Weta Caves** ❹ und die Ausstellung **Window into Workshop** (s. S. 57) fantastische Möglichkeiten, einen Blick hinter die Kulissen der Filmemacher zu werfen.

› Im Nebengebäude der Weta Caves, www.wetanz.com/weta-workshop-services, geöffnet: unzugänglich

❹ Weta Caves ★★★ [ck]

In Miramar liegt die Mitte von „Mittelerde": Die mit Oscars ausgezeichneten Requisitenspezialisten des Weta Workshop geben in diesem kleinen Museum interessante Einblicke in ihre Arbeit an Blockbuster-Filmen.

Ob das Schwert von Held Aragorn aus der dreiteiligen Tolkien-Verfilmung „Der Herr der Ringe", Artefakte aus „King Kong", Requisiten aus „Avatar" und „Tim und Struppi" oder Miniaturfiguren aus dem „Hobbit" – das **Minimuseum ist ein Muss für alle Filmfreaks und Kinofreunde.** Starregisseur Peter Jackson und das Team der kreativen Requisitenmacher vom benachbarten Weta Workshop lassen jede Fantasiewelt Wirklichkeit werden.

Ausgestellt sind realistische Silikonmasken, detailgetreue Waffen, auf echt getrimmte Plastikrüstungen, Schurkenkostüme und Teile von Filmsets. In einem exklusiven Video, das nirgendwo sonst gezeigt wird, erhält der Besucher Einblicke in die Trickkiste der Filmindustrie und sieht spannende Interviews mit dem riesigen Produktionsteam, das bei der Entstehung der Blockbuster hinter den Kulissen mitwirkt.

Die neu eingerichtete Erweiterung **Window into Workshop** (s. S. 57) kostet zwar Eintritt, ist jedoch ein wahrer Gewinn und zeigt weitere Blicke hinter die Kulissen der kreativen Designer des Weta Workshop ❸.

› Bus 31 und 2, Miramar
› 1 Weka Street, Miramar, Tel. 3809361, www.wetanz.com/cave/, Eintritt: kostenfrei, geöffnet: tägl. 9 – 17.30 Uhr

---

KLEINE PAUSE

Pausieren mit Preisträgern

Für einen Abstecher zum Mittagessen bieten sich in Miramar zahlreiche Gelegenheiten. Warum sollte man nicht die Chance nutzen und sich unter die Filmschaffenden mischen? Diese Lokale sind bei den Teams von Weta Digital, dem Weta Workshop, WingNut, Park Road Post Production und 3Foot7 besonders beliebt:

- ○**94** [cl] **Café Polo,** 82 – 84 Rotherham Tce, Miramar, Tel. 3807273, So./Mo. Ruhetag, www.cafepolo.co.nz
- ⓘ**95** [cl] **Gasworks,** 11 Tauhinu Rd, Miramar, Tel. 3888427, www.thegasworks.co.nz
- ⓘ**96** [cl] **The Cutting Pub & Thai Restaurant,** 32 Miramar Ave., Tel. 9200264
- ⓘ**97** [ck] **The Larder Restaurant,** 133 Darlington Rd, Tel. 8910354, Mo. Ruhetag, www.thelarder.co.nz

Wellington entdecken
Halbinsel Miramar

Naturerlebnis Miramar

❹ Shelly Bay ★★★ [ck]

Die Shelly Bay ist der Tipp, wenn man die grüne, gänzlich untouristische Seite von Wellington kennenlernen möchte. Hier gibt es wunderschöne einsame Ecken, Bade- und Wandergelegenheiten, ein In-Café direkt an der Küste und einen außergewöhnlichen Souvenirladen.

Wer Wellington wie die Einheimischen erleben möchte, sollte sich an einem sonnigen Tag unbedingt aufmachen, um die künstlerisch lebhafte Szene außerhalb der Innenstadt zu entdecken. Die Galerien und das Café der Bucht sind dafür perfekt geeignet. Hier trifft man auf kreative Menschen, Filmleute und Lebenskünstler.

An unzähligen Stellen der Bucht kann man die Füße von den Felsen ins kalte Wasser baumeln lassen oder im Chocolate Fish Café in einem gemütlichen Sitzsack seinen Kaffee in der Sonne trinken und das Leben genießen. Besondere Spezialität hier sind die frisch gegrillten Gerichte vom BBQ.

Wer danach noch die Natur erkunden oder ein ganz besonderes Souvenir erhaschen möchte, findet in der Shelly Bay und entlang der Küste schöne Wanderwege, unzählige kleine **Studios, Galerien und versteckte Läden**. Dieser Teil der Wellington-Reise bleibt garantiert in besonderer Erinnerung.

❯ Entlang der Küste vom Cobham Drive nicht in den Stadtteil Miramar fahren, sondern links in die Shelly Bay Road abbiegen und der Küstenstraße folgen.

🏠 **98** [ck] **Gifts & Homeware,** Headquarters Building gegenüber der Werft, Shelly Bay, Tel. 3887282, geöffnet: tägl. 10–17 Uhr. Hier gibt es schöne Kunstwerke und handgearbeitete Souvenirs.

🍴 **99** [ck] **Chocolate Fish Café,** 100 Shelly Bay Road, www.chocolatefishcafe.co.nz, Tel. 3882808, geöffnet: tägl. 8–17.30 Uhr oder bis Sonnenuntergang

❹ Scorching Bay ★★★ [ck]

Dieser Küstenstreifen ist der absolute Tipp! Goldgelber Strand und türkisfarbenes Wasser machen diese Badebucht an einem schönen Sommertag zum perfekten Ausflugsziel.

Nur 20 Autominuten vom Zentrum entfernt findet man ein idyllisches Naturparadies der Superlative. Von malerischen Felsen gesäumt liegt der Sandstrand in der Sonne. Ein Kinderspielplatz, Umkleideräume, öffentliche Toiletten und Außenduschen sorgen für den nötigen Komfort. Von hier aus sieht man sogar die Interislander Fähre durch das Hafenbecken einlaufen. Ob Alt oder Jung, der Strand wird von jeder Altersgruppe bevölkert. Das Scorch O Rama Café an der Küstenstraße gegenüber versorgt die Badenden mit Kaffee, Eis und kleinen Snacks.

🍴 **100** [ck] **Scorch O Rama Café,** 497 Karaka Bay Road, Tel. 388 4970, geöffnet: Mo.–Fr. 8.30–16 Uhr, Sa./So. 8–17 Uhr

❯ Massey Road, Karaka Bay Road, Miramarhalbinsel, Anfahrt per Bus Nr. 30 von der Wellington Railway Station aus

❹ Seatoun ★ [cl]

Seatoun ist ein wunderschönes, wenn auch recht teures **Wohnviertel** von Wellington. Entlang der Küste der Miramar Peninsula reihen sich hübsche Einfamilienhäuschen und Cottages, die über einen unbezahlbaren Ausblick auf das Meer verfügen.

Der berühmteste Einwohner von Seatoun ist Filmregisseur Sir Peter Jackson, der noch immer im ehemaligen Haus seiner Eltern wohnt, wäh-

Wellington entdecken
Halbinsel Miramar

rend er in Wellington an Filmprojekten arbeitet.

In den Hügeln gibt es unzählige **Wanderwege**, die zu alten Kriegsdenkmälern führen und eine fantastische Aussicht auf den Hafeneingang von Wellington bieten.

Wer in Seatoun in Meeresnähe lebt, besitzt ein Boot oder Kajak. Bei Ebbe lohnt es sich, in die unzähligen *rock pools* (Wasserlachen, die bei Ebbe in den Felsen zurückbleiben) zu sehen. Von Muscheln über kleine Krebse bis hin zu Fischen und Langusten kann man hier viele Meeresbewohner entdecken.

Das nahegelegene Barrett Reef hat für Schiffe mit großem Tiefgang gefährlich flache Stellen, sodass hier u. a. die Fähre Wahine im Jahr 1968 (s. S. 50) sank. Einige **Buchten und der große Strand** von Seatoun eignen sich im Sommer hervorragend zum Baden. Das Örtchen selbst besteht nur aus ein paar Geschäften, Cafés und Imbiss-Restaurants, doch wer sich auf die Suche macht, wird nette kleine Lädchen und Ateliers in den Seitenstraßen entdecken, welche von der lebhaften Kunstszene vor Ort geführt werden (Arts Trail, s. S. 40).

› Seatoun liegt im Osten der Miramar Peninsula, Anfahrt mit dem Auto über die Verlängerung der Darlington Road in Miramar, dann den Hinweisschildern folgen, Anfahrt per Bus Nr. 11 oder Nr. 30 von der Wellington Railway Station (s. S. 127), Anfahrt mit der East by West Ferry (s. S. 128) von der Queens Wharf an der Waterfront ❶ aus bis nach Seatoun.

㊹ Lyall Bay ★ [bm]

Die Lyall Bay gilt als der **Surfstrand von Wellington**. Direkt neben dem Flughafen kann man in dieser Bucht bei Wind perfekt Wellenreiten. Was für viele Wellingtonians eine gelungene Abwechslung zum Arbeitsalltag darstellt, bietet für Urlauber die Möglichkeit, sich selbst einmal auf das Brett zu wagen. Die ansässige Surfschule verleiht Equipment und bietet Unterrichtsstunden für jedes Level an. Natürlich trifft man sich hier auch einfach nur zum Sonnenbaden, am südlichen Ende des Strandes zum Schwimmen und Beobachten der coolsten Surfer.

Genau hier haben die Darsteller von Merry alias Dominic Monaghan,

Die perfekte Welle reiten – Wellingtons Surfstrand liegt in der Lyall Bay

Wellington entdecken
Erlebenswertes außerhalb der Stadt

KLEINE PAUSE

Für den Hunger zwischendurch

In der Lyall Bay sind zwei gemütliche Cafés zu empfehlen:

101 [bl] **Elements Café,** 144 Onepu Road, Lyall Bay, Tel. 9391292, www.elementscafe.co.nz, geöffnet: Mo.-Do./So. 8.30-17 Uhr, Fr./Sa. 8.30 Uhr bis spät. Dieses Lokal wird vor allem von den Künstlern und Filmleuten der Region geliebt. Von hervorragendem Kaffee über Ziegenkäse-Soufflé bis zu ausgetüftelten Fischgerichten zaubert der Koch hier leckere Speisen für jeden Geschmack. Es gibt einige Tische im Außenbereich, die Qualität des Essens machen den fehlenden Meerblick und die Entfernung zum Strand wieder wett.

102 [bm] **Maranui Café,** Maranui Surf Life Saving Club, The Parade, Lyall Bay, Tel. 3874539, www.maranuicafe.co.nz, geöffnet: tägl. 7-17 Uhr. Das Café liegt direkt am Strand und bietet fantastische Ausblicke auf die Surfer der Lyall Bay. Wer die „lebensrettende" Tasse Kaffee am Morgen oder einen Snack für den brummenden Magen sucht, sollte sich im Café der Rettungsschwimmer „retten" lassen. Das Interieur überzeugt mit einem gemütlichen 1960er-Jahre Retro-Stil, die Atmosphäre ist relaxed und freundlich.

Pippin gespielt von Billy Boyd und Elijah Wood als Frodo aus der „Herr der Ringe"-Trilogie während ihrer jahrelangen Aufenthalte in Wellington nach Drehschluss bei der Surfschule Realsurf (s. S. 120) Wellenreiten gelernt. Wellington wurde ihre zweite Heimat und die Lyall Bay einer der beliebtesten Orte während der Drehpausen.

› Lyall Parade, Lyall Bay, Anfahrt mit dem Auto über das Basin Reserve, durch den Mt Victoria Tunnel, an der nächsten Ampel rechts nach Kilbirnie abbiegen und am Pak'n Save nach rechts in die Onepu Rd fahren und der Straße bis zur Küste folgen; alternativ Anfahrt per Bus Nr. 6 oder Nr. 3 von der Wellington Railway Station (s. S. 127) aus

Erlebenswertes außerhalb der Stadt

Das Umland von Wellington in Richtung Norden bietet großartige Ausflugsziele, die bei der Fahrt nach Wellington oder Weiterfahrt aus der Stadt geradezu auf dem Weg liegen. Wenn man dem Highway 1 Richtung Nordwesten folgt, gelangt man an die Kapiti Coast. Die wilde Küste bietet unzählige einsame, weite Sandstrände, eine interessante Tierwelt und unberührte Natur. Wer von Wellington aus gen Norden entlang des Highway 2 fährt, kommt automatisch in das Hutt Valley. Hier liegen unter anderem die interessanten Vororte Petone, Eastbourne sowie Lower Hutt und Upper Hutt. Die Verlängerung des Highway 2 wird zur Passstraße und führt über die Rimutaka Ranges, eine Bergkette, in die wunderschöne Weinanbaugegend Wairarapa. Auf dem Weg dorthin liegen einige noch relativ unbekannte Attraktionen.

› *Das Pencarrow Lighthouse (s. S. 93) wurde als einziger Leuchtturm Neuseelands einst von einer Frau betrieben*

Wellington entdecken

Erlebenswertes außerhalb der Stadt

45 Petone ★★ [eh]

Dieser lebhafte Vorort von Wellington an der Küste war nicht nur der Platz, an dem sich die europäischen Siedler der Region zuerst niederließen, sondern ist auch ein hübsches Örtchen, um die Siedlergeschichte zu erkunden und in den zahlreichen kleinen Läden zu bummeln.

Die Jackson Street ist die Einkaufsmeile von Petone. Die hübschen Vordächer der Ladenzeilen machen einen Bummel auch bei Regen möglich. Künstlerateliers, Schuhdesigner, Souvenirshops, Spezialitätenläden, sie alle haben hier einen Standort gefunden und machen die Jackson Street zum quirligen Shoppingparadies. Auch **Experience Stansborough** liegt in einer Seitenstraße, die alte Weberei stellt Luxus-Wollbekleidung und Kostüme für viele Fantasyfilmproduktionen her (s. S. 57). Ein Blick in das kleine **Settlers Museum** an der Küstenstraße lohnt sich. Neben interessanten Wechselausstellungen zu lokalen Thematiken kann man hier in die Siedlergeschichte Wellingtons eintauchen.

🏛 **103** [eh] Settlers Museum, The Esplanade, Petone, Tel. 5688373, www.petonesettlers.org.nz, geöffnet: Mi.–So. 10–16 Uhr, Eintritt frei

46 Eastbourne ★★ [fk]

Eastbourne ist ein kleiner hübscher Vorort von Wellington, der am Ende der Küstenstraße liegt, die um das Hafenbecken führt. Hier findet man wunderschöne Natur zum Wandern, typisch neuseeländische Tierwelt, einsame Buchten und eine kreative Künstlerszene.

Eastbourne und seine Buchten gehören heute zum Regierungsbezirk

> **EXTRATIPP**
>
> **Für Souvenirjäger**
>
> Wer ein ganz besonderes Souvenir sucht, wird mit Sicherheit bei NZique fündig. Der Laden vermietet kleine Ausstellungsflächen an Künstler der Region. Von Kauriholzprodukten über Näharbeiten, Schmuck, Karten, Gemälde und Außergewöhnlichem gibt es hier eine unglaubliche Auswahl an Souvenirs. Bei den Waren handelt es sich um handgefertigte Einzelstücke. NZique verschickt auf Anfrage auch Produkte nach Übersee.
> › **NZique**, 154–164 Jackson St, Petone, Tel. 5892091, geöffnet: Mo.–Sa. 9–17.30 Uhr, So. 10–17 Uhr

Wellington entdecken
Erlebenswertes außerhalb der Stadt

des Hutt Valley. Wer auf dem Highway 2 aus der Stadt in Richtung Hutt Valley fährt, sollte die Ausfahrt Petone/Seaview nehmen und sich dann immer entlang der Küste halten. Nach dem Passieren etlicher hübscher Buchten auf der schmalen, gewundenen Küstenstraße gelangt man in die **Days Bay.**

Alternativ erreicht man den Ort auch mit dem Valley Flyer Bus Nr. 81 und 83 oder mit der Hafenfähre und einem anschließenden zehnminütigen Fußmarsch. Die East by West Fähre (s. S. 128) legt regelmäßig mehrmals täglich in der Days Bay an und verbindet so den Vorort mit der City. Im Boat Shed kann man sich an sonnigen Tagen Kajaks mieten (s. S. 119) und der beliebte Badestrand lädt zum Schwimmen und Springen von den Bootsstegen ein. Es gibt hier Duschen, Toiletten und Umkleideräume.

Gegenüber im **Williams Park** befindet sich die leckere Eisdiele und Pizzeria Pavillon, wo hervorragende Holzofenpizzen frisch zubereitet werden. Die Cafés entlang des Marine Drive bieten Snacks und Sonnentische zum Draußensitzen. Interessante Kunstgegenstände und Souvenirs der lokalen Kreativszene hat die Van Helden Gallery im Angebot.

Wer noch ein Stückchen weiter entlang der Küstenstraße in Richtung Süden fährt oder läuft, kommt ins sogenannte **Eastbourne Village.** In der Rimu Street befinden sich einige Läden wie ein Metzger, ein Obst- und Gemüsehändler, ein Café mit Eisdiele und einige Take-away-Shops. Die Ponders' Rona-Gallery an der Hauptstraße, der Muritai Road, stellt Bilder lokaler Künstler aus.

Besonders lecker ist das selbst hergestellte Eis aus der Eisdiele Vostro-Gusto in der **Rona Street.** Wer diese Straße entlang den Geschäften rund 50 Meter hinunterläuft, gelangt zur **Eastbourne Wharf.** Der Strand hier besteht vorwiegend aus Steinen, ist wild und von Treibholz, Algenbäumen und Muscheln übersät. Mit etwas Glück kann man Zwergpinguine, Robben, Orcas oder Delfine beobachten. Der Weg führt mehrere Kilometer entlang der Küste bis an das Ortsende von Eastbourne. Hinter den Schranken beginnt ein wunderschöner Küs-

Blick von Eastbourne auf die Hafeninsel Somes Island ❹❼

Eastbourne Coastal Walk – Leuchtturm, Pinguine, Paua-Shells

Der Küstenwanderweg eignet sich hervorragend, um Flora und Fauna um Wellington zu erkunden. Die Route ist für den öffentlichen Verkehr gesperrt. Nach dem Passieren der Schranke (Burden's Gate) am Ende des Ortes Eastbourne führt die Route entlang wilder Buchten bis zum alten und neuen Pencarrow Lighthouse. Der dunkle Strand aus feinen Kieseln und Sand verbirgt so manche perlmuttschillernde, oft handflächengroße Paua-Shell, eine Muschel, in der einst der Schellfisch mit dem gleichen Namen lebte. Paua-Shells werden sonst als teures Souvenir verkauft, hier liegen die Muscheln in großer Zahl am Strand. In den Hängen gen Osten leben viele wilde Bergziegen. Wer Glück hat, kann hier die kleinsten Pinguine der Welt beobachten. Die „little blue penguins" (Zwergpinguine) sind nur rund 30 cm groß und wandern vor allem morgens und abends zum und vom Meer zu ihren Nistplätzen am Hang. Das neue Pencarrow Lighthouse befindet sich unten am Strand. Wer noch genügend Zeit hat, sollte unbedingt den Weg auf die Klippen zum alten Leuchtturm einschlagen, der hinter der nächsten Wegbiegung links ins Inland führt. Vorbei an idyllischen Seen verläuft die Route bis zum gut 11 Meter hohen Pencarrow Lighthouse. Der Leuchtturm aus dem Jahr 1859 war der einzige in Neuseeland, der je von einer Frau betrieben wurde. Er wurde 1935 abgestellt. Der Ausblick ist fantastisch. Achtung, hier oben kann es gefährlich windig werden!

> *Weglänge einfach knapp 7 km, Wegstrecke einfach zu Fuß rund 1 Std., per Rad einfach rund 25 Minuten, gute wetterfeste Kleidung und der Blick auf die Wettervorhersage werden dringend empfohlen.*

tenwanderweg, der **Eastbourne Coastal Walk**, zum beeindruckenden historischen **Pencarrow Lighthouse**. Alternativ kann man den Schotterweg mit dem Fahrrad befahren. An Wochenenden verleiht das **Bike Shed** (s. S. 117), eine Filiale des Days Bay Boat Shed, hier Mountainbikes.

Wem die Küstenstraße zu sonnig oder zu windig ist, der sollte sich für einen der unzähligen Wanderwege im **East Harbour Regional Park** entscheiden, der im Osten an die Hanggrundstücke des Ortes grenzt. Es gibt mehrere Einstiege in die Wanderwege, die jeweils gut ausgeschildert sind. Eine besonders empfehlenswerte Route ist der Butterfly Creek Track. Detailliertes Kartenmaterial gibt es nicht nur im i-Site in Wellington (s. S. 108), sondern auch in der Eastbourne Library.

> **Van Helden Gallery,** 513 Marine Drive, Days Bay, Tel. 5628191, www.vanheldengallery.co.nz, geöffnet: tägl. 10–17 Uhr

> **Ponders' Rona Gallery,** 151 Muritai Road, Tel 5628062, www.art-gallery-newzealand.com, geöffnet: Mo.–Sa. 10–17 Uhr, So. 11–16.30 Uhr

> Eastbourne Library, 29 Rimu Street, Eastbourne Village, Tel. 5628042, geöffnet: Mo.–Fr. 10–17.30 Uhr, Sa. 10–14 Uhr

Erlebenswertes außerhalb der Stadt

47 Somes Island ★★★ [di]

Die größte der drei Inseln im Wellingtoner Hafenbecken war einst ein Gefangenenlager, ein militärischer Verteidigungspunkt und eine Quarantänestation. Heute ist die Insel Somes, auf Maori auch Matiu genannt, ein Naturschutzgebiet und beherbergt viele heimische Tierarten, die auf dem Festland vom Aussterben bedroht sind. Die kleineren Inseln Ward (Makaro) und Mokopuna Island können nur mit einem Privatboot oder Kajak angesteuert werden.

Die **East by West Ferry** (s. S. 128) fährt mehrmals täglich nach Somes Island und bringt Tagesbesucher und Übernachtungsgäste nach Somes Island. Direkt nach dem Anlegen werden die Besucher zunächst in **das Informations- und Quarantänegebäude** des Department of Conservation gebeten, wo Taschen kontrolliert werden und man seine Schuhe gegebenenfalls reinigen muss. Außerdem erhält man weitere Informationen, wie Tier- und Pflanzenwelt der fragilen Ökosysteme von Somes vor schädlichen Einflüssen geschützt werden können.

Die gesamte Insel wurde 1995 von gefährlichen Eindringlingen wie Possums, Ratten, Mäusen, Hermelinen und Wieseln befreit und so zur geschützten Oase für gezielte Brutprogramme für viele neuseeländische Tierarten, die vom Aussterben bedroht sind. Ein **Rundwanderweg** bietet fantastische Aussichten. Picknickareale, ein kleiner Leuchtturm und das große, kostenlose **Informationszentrum in der Mitte der Insel** sollten nicht ausgelassen werden.

Interessant sind auch die **Kanonen- und Bunkeranlagen** sowie der uralte Friedhof. In der Zeit der ersten Siedler im 19. Jahrhundert wurde Somes Island als Quarantäneinsel genutzt. Viele Siedler, die auf den Schiffen im gelobten Land ankamen, wurden aus Angst vor Krankheiten wie Tuberkulose zunächst auf die Insel gebracht. Für einige erfüllte sich der Traum vom Neuanfang jedoch nie, sie verstarben auf Somes Island, noch bevor sie jemals das neuseeländische Festland betreten konnten. Im Zweiten Weltkrieg wurde Somes Island in ein Gefangenenlager verwandelt, in dem viele Deutsche, Italiener und Österreicher über mehrere Jahre inhaftiert

Wellington entdecken
Erlebenswertes außerhalb der Stadt

waren. Die Insel bietet auch **Einblicke in die Maori-Geschichte** der Region.

Neben der interessanten Historie lockt Somes natürlich mit seiner seltenen **Tierwelt**. Sogenannte *weta hotels,* Baumstämme, in denen die größten Landinsekten der Welt, die Wetas, leben, kann man ebenso auf den Wegen beobachten wie Tuatara-Echsen – Neuseelands Halbdinosaurier –, seltene Geckos, grüne Kakariki-Papageien und Pinguine.

> mitten im Hafenbecken, www.doc.govt.nz, Eintritt: kostenfrei bis auf das Fährticket
> East by West Ferry, Queens Wharf 1, Tel. 4991282, http://eastbywest.co.nz, Kosten: einfache Fahrten über die Bucht für Erwachsene $ 11, für Studenten $ 9 und für Kinder (3–15 J.) $ 6. Die Überfahrt von der Queens Wharf nach Somes Island dauert rund 20 Min.

Die klimatisch milde Region Wairarapa eignet sich hervorragend zum Weinanbau

Blick von Somes Island auf die Küste von Eastbourne

❹❽ Weingegend Wairarapa ★★★ [Faltplan]

Nur eine Autostunde von Wellington entfernt und doch klimatisch wie landschaftlich gänzlich anders ist die nördlich gelegene Region Wairarapa. Sie ist geprägt von einer flachen, weiten Farmlandschaft, das Klima ist mild und die Besiedelung dünn. Die Gegend ist eine der Weinregionen Neuseelands und neuerdings wird hier auch Olivenanbau betrieben.

Besonders zu empfehlen neben **Greytown** (s. S. 96) und dem Souvenirshop der **Paua World** im darauffolgenden Ort **Carterton** ist das Herz der Weinregion, der kleine romantische Ort **Martinborough**. Abgelegen vom Highway 2 liegt das Dorf mit seinen rund 1300 Einwohnern und 24 Weingütern eingebettet in idyllisches Weideland und Weinberge. Die Route nach Martinborough von Featherston oder Greytown aus ist hervorragend beschildert und einfach zu finden. Das Herz des Ortes schlägt im Zentrum am Town Square, hier reihen sich neben die etlichen Pubs und Ca-

Wellington entdecken
Erlebenswertes außerhalb der Stadt

EXTRATIPP

Boutiqueshopping in Greytown

Greytown ist neben Martinborough einer der schönsten Orte der Wairarapa Region. Die ersten Siedler ließen sich hier 1854 nieder, was sich heute noch in der Architektur der vielen historischen Gebäude widerspiegelt. Die Häuser entlang der Hauptstraße bilden den noch am besten erhaltenen Straßenzug des Landes, der im viktorianischem Stil erbaut wurde.

Schöne Parks mit altem Baumbestand, das Cobblestones Siedlermuseum und die vielen ansässigen Obst- und Weinbauern machen den Ort zu einem wunderschönen Ausflugsziel. Neben Antiquitätenläden reihen sich Designershops, kleine Souvenir- und Kunstgeschäfte. Zahlreiche Cafés und edle Restaurants sorgen für die nötigen Gaumenfreuden. Bei Europäern besonders beliebt ist die French Bakery. Greytown ist ein Kleinod und zieht sogar immer wieder viele internationale Stars und Schauspieler an. So bummelte beispielsweise schon Kate Winslet mit Peter Jacksons Tochter Katie und Gollum-Schauspieler Andy Serkis durch die Läden.

Food Tours, s. S. 122) mit lokalen Köstlichkeiten und vor allem auch Pinot-Noir- und Riesling-Liebhaber. In Martinborough kann man bei den **Weinproben** die Strecke von einem Gut zum nächsten tatsächlich zu Fuß erlaufen. Hier reiht sich ein Winzer an den nächsten und die Tore stehen für Besucher fast immer überall offen. Der gemütliche Ort ist historisch geprägt, hier finden mehrmals im Jahr große Märkte, Wein- und Olivenfeste statt (s. S. 42). Wer deutsch sprechen möchte, kann die preisgekrönten **Schubert Wines** probieren, **Ata Rangi** gehört zu den ältesten Weingütern und der **Palliser Estate** zu den größten der Region. Leckere Speisen für die Stärkung zwischendurch sollte man im wunderschönen Obstgarten von Ökoanbieter **Vynfields** bestellen.

› **Paua World Carterton,** 54 Kent St., Carterton, www.pauaworld.com, Tel. 063794247, geöffnet: Mo.–Fr. 8–17 Uhr, Sa./So. 9–17 Uhr
› **Schubert Wines,** 57 Cambridge Road, Tel. 063068505, www.schubert.co.nz, geöffnet: tägl. 11–15 Uhr, in den Sommermonaten täglich bis 17 Uhr
› **Ata Rangi,** 14 Puruatanga Rd., Tel. 063069570, www.atarangi.co.nz, geöffnet: Mo.–Fr. 12–15 Uhr, Sa./So. 12–16 Uhr
› **Palliser Estate,** Kitchener St, Tel. 063069019, www.palliser.co.nz, geöffnet: tägl. 10.30–16 Uhr
› **Vynfields Estate,** 22 Omarere Road, Tel. 063069901, www.vynfields.com, geöffnet: je nach Wetter, Sa./So. 11–16 Uhr
› **Martinborough Hotel,** Memorial Square, www.martinboroughhotel.co.nz, Tel. 063069350

---

fés auch kleine Designerläden und das historische Martinborough Hotel. Die Straßenführung um den Platz hat die Form des Union Jack, der britischen Nationalflagge. Der Stadtbegründer, John Martin, wollte dem Örtchen zudem einen kosmopolitischen Anschein geben und benannte die Straßen nach Orten, in denen er selbst schon auf seinen Weltreisen gewesen war – New York Street, Suez und Panama Street.

Die gesamte Gegend um den Weinort Martinborough überzeugt alle Gourmets (Gourmettour von Zest

› *Kapiti Island ist dicht bewaldet und heute Heimat von Kiwis, Takahe und Wekas*

Wellington entdecken
Erlebenswertes außerhalb der Stadt

㊾ Kapiti Coast ★★ [Faltplan]

Dieser Küstenabschnitt ist eines der beliebten Wochenendausflugsziele der Wellingtonians. Viele Bürger haben hier ein *bach,* ein Ferienhaus am Strand. Die wunderschöne, wilde Küstenlandschaft mit ihren endlosen einsamen Sandstränden und einer bizarren Dünenlandschaft hat ihren Reiz. Östlich der Küste liegen die Tararua Ranges, in deren wilder Bush-Bewaldung unzählige Wanderwege liegen.

Neben einer **Miniatureisenbahnstrecke** (Kapiti Miniature Railway), einer **alten Tramstrecke** zum Strand (Kapiti Coast Electric Tramway), **Wildtierparks** (Wildlifepark Nga Manu Nature Reserve und Staglands Wildlife Reserve, s. S. 115) und einer Piraten-Minigolfanlage (Pirates Cove Adventure Minigolf, s. S. 115) gibt es entlang des Highway 1 immer wieder interessante Strandabschnitte zu erkunden. Ein besonderes Kleinod ist der versteckt liegende, leicht zu übersehende **Waikawa Beach** an der Flussmündung des Waikawa River. Der Abzweig vom Highway 2 zur Zubringerstraße, der Waikawa Beach Road, ist ausgeschildert und befindet sich einige Kilometer hinter dem Ort Otaki. Sowohl der Strand als auch der Fluss eignen sich zum Angeln, Bootfahren und Baden.

Das absolute Highlight der Kapiti Coast ist jedoch **Kapiti Island**. Das Naturschutzgebiet der pestfreien Insel kann mit einer schriftlichen Erlaubnis des Department of Conservation mittels einer Fähre vom Küstenort Paraparaumu aus besucht werden. In der Hochsaison sind die zulässigen maximalen Besucherzahlen pro Tag für das Zentrum der Insel und das nördliche Ende jedoch schnell ausgebucht. Es empfiehlt sich daher, rechtzeitig zu buchen. Neben Kiwis leben auf Kapiti Island Kaka- und Kakariki-Papageien, Wetas – die größten Landinsekten der Welt –, Wekas (Laufrallen), die seltenen Takahe-Vögel und viele weitere bedroh-

Wellington entdecken
Erlebenswertes außerhalb der Stadt

EXTRATIPP

Abstecher zum Automuseum
Autofans, die ohnehin auf dem Weg von Wellington zur Kapiti Coast unterwegs sind, sollten unbedingt beim Southward Car Museum anhalten. Die Ausstellung zeigt eine beeindruckende Sammlung aus über 400 Autos, einigen Flugzeugen, einer alten Feuerwehr, Fahrrädern und vielem mehr und zählt als größte Privatsammlung der südlichen Hemisphäre. Besondere Highlights sind das 1934 Cadillac Town Cabrio von Marlene Dietrich, ein Stutz Indianapolis Rennwagen von 1915, ein Benz Velo aus dem Jahr 1895 sowie ein 1950er Gangster Cadillac.

104 Southward Car Museum, Abzweig vom Highway 1 in die Otaihanga Rd, Paraparaumu, Tel. 2971221, geöffnet: tägl. 9–16.30 Uhr, www.southwardcarmuseum.co.nz, Eintritt: Erwachsene $ 13, Kinder (5–15 J.) $ 3, Kleinkinder frei

te neuseeländische Tierarten. Ohne Zaun, nur geschützt durch das umliegende Wasser, kann man das Naturidyll per Tour oder im Alleingang erkunden. Häufig können vom Gipfel der Nordspitze der Insel aus Orcas und Robben in den Buchten beobachtet werden. Wer genügend Zeit mitbringt, sollte sich für eine Übernachtung am nördlichen Ende und eine Kiwi-Nightspotting-Tour entscheiden.

Dieses Erlebnis mit den ansässigen Maori und der hautnahe Kontakt zu Kakas (Bush-Papageien) und Pinguinen bleiben garantiert für immer in Erinnerung.

› **Miniatureisenbahn Kapiti Miniature Railway**, 338 A Rosetta Road, Raumati Beach, Paraparaumu, www.kapitirail.org, geöffnet So. 13–16 Uhr
› **Kapiti Coast Electric Tramway**, Queen Elizabeth Park/MacKays Crossing, Tel. 044767278, www.wellingtontrams.org.nz, geöffnet Sa./So. 11–15 Uhr
› **Wildlifepark Nga Manu Nature Reserve**, 281 Ngarara Road, Waikanae, Tel. 042934131, www.ngamanu.co.nz, geöffnet: tägl. 10–17 Uhr
› Department of Conservation, Buchungsseite der **Besuchererlaubnis für Kapiti Island:** www.doc.govt.nz (Parks & Recreation – Places to visit – Wellington/Kapiti – Kapiti)
› **Transport nach Kapiti Island,** Kapiti Marine Charter, Tel. 0800433770 (kostenfrei in Neuseeland), www.kapitimarinecharter.co.nz
› **Transport und Tour,** Kapiti Island Nature Tours, Tel. 06 3626606, www.kapitiislandnaturetours.co.nz
› Anfahrt nach Paraparaumu zur Ablegestelle des Bootes, vom Highway 2 aus im Ort Paraparaumu links in die Kapiti Road dem Hinweisschild „Paraparaumu Beach" folgen, bis man an den Strand gelangt. Dort gibt es direkt hinter dem Kreisverkehr einen Parkplatz der Bootsunternehmen.

Praktische Reisetipps

An- und Rückreise

Im neuseeländischen Sommer von Dezember bis Februar herrscht in Neuseeland Hochsaison. Zu dieser Zeit haben die Schulen große Sommer- und Weihnachtsferien und viele Kiwis machen selbst Urlaub. Besonders um die Weihnachtszeit sind deshalb Flüge und Unterkünfte schnell ausgebucht. Wer plant, in dieser Zeit zu reisen, sollte **frühzeitig buchen,** um Geld zu sparen. Idealerweise wird die Reise rund sechs Monate vor Urlaubsantritt gebucht. Viele Fluggesellschaften und Hotels bieten mittlerweile bei den Suchfunktionen im Internet die Möglichkeit an, flexible oder variable Reisetage einzugeben. Wer ungebunden ist, kann dadurch oft mehrere hundert Euro sparen, nur indem er die Reise um wenige Tage nach vorne oder hinten verschiebt.

Internationale Flugverbindungen

Neuseeland liegt 23.500 Kilometer Luftlinie von Deutschland entfernt. Aufgrund der großen Distanz gibt es keine Direktverbindungen mit dem Flugzeug. Mindestens ein Umsteigestopp muss eingelegt werden. Die Gesamtflugzeit variiert von 27 bis über 45 Stunden, je nach Flugverbindung und Zwischenaufenthalt beim Umsteigen.

Folgende Airlines fliegen Neuseeland regelmäßig an:
› Lufthansa und Air New Zealand (über Los Angeles/San Francisco oder Bangkok, Singapur, Hongkong)
› Emirates (über Dubai, Asien, Australien)

◁ *Vorseite: Ausblick in das Tal des Wildlife Sanctuaries Zealandia* ❷❸

› Singapore Airlines (über Singapur)
› Qantas (über Singapur und Australien)
› Korean Air (über Seoul)

Wer nicht über Auckland oder Christchurch einreisen und mit einem Inlandsflug nach Wellington weiterreisen möchte, sondern mit einer internationalen Verbindung in die Landeshauptstadt fliegen will, kann derzeit nur mit Qantas über Australien einreisen.

Flugpreise

Je nach Saison und Fluggesellschaft variieren die Ticketpreise von Deutschland nach Neuseeland in der Economy-Klasse zwischen rund 1200 und 1700 €. Die teuersten Tarife umfassen meist den Reisezeitraum vom 10. Dezember bis Mitte Januar. Einige Airlines bieten auch Jugend- und Studententarife an. Kleinkinder unter zwei Jahren können ohne eigenen Sitzplatz auf dem Schoß der Eltern fliegen und zahlen dafür nur die Steuern und Gebühren des Langstreckenfluges, welche rund 300 € ausmachen. Für Kinder unter 12 Jahren gelten Kindertarife, die mit 85 % des Reisepreises berechnet werden. Wer Augen und Ohren offen hält, kann Frühbucherrabatte nutzen oder befristete Sondertarife in Anspruch nehmen. Unter 1000 € bekommt man ein Ticket nach Neuseeland durch die erhöhten Kerosinpreise und Steuern jedoch kaum mehr.

Weiterreise per Inlandsflug

Normalerweise landen die internationalen Airlines in Christchurch auf der Südinsel oder in Auckland auf der Nordinsel. Von dort muss man dann zum „Domestic Terminal" wechseln und auf einer inländischen Route bis

Praktische Reisetipps
An- und Rückreise

nach Wellington weiterfliegen. Durch die Konkurrenz der Fluggesellschaften sind die Grundtarife vieler Inlandsflüge günstiger geworden, besonders wenn man etwa einen Monat vor Abflug bucht. Wichtig ist jedoch, dass man neben dem Basisticket auch noch die Mitnahme eines Gepäckstücks mit entsprechender Gewichtszulassung bucht. Die Preise für ein Ticket mit Gepäck für die einfache Strecke *(one-way)* nach Wellington beginnen bei rund $ 39.

› **Air New Zealand,** Tel. +64 03573000 (aus dem Ausland), 0800737000 (innerhalb Neuseelands, kostenfrei), www.airnewzealand.co.nz
› **Jetstar,** Tel. +64 99759426 (aus dem Ausland), 0800800995 (innerhalb Neuseelands, kostenfrei), www.jetstar.co.nz

Vom Flughafen in die Stadt

Wer in Wellington gelandet ist, findet sich schnell zurecht, denn der Flughafen ist klein und übersichtlich. Am Hauptausgang im Erdgeschoss fährt der öffentliche Airport-Bus, der **Airport Flyer,** ab. Er ist mit $ 9 für die einfache Fahrt ins Zentrum die günstigste Option, in die Innenstadt zu gelangen.

Zudem gibt es **Gemeinschafts-Shuttles,** die einen für rund $ 16 pro Person bis zur gewünschten Adresse fahren. Ein Taxi vom Wellingtoner Airport ins Zentrum kostet etwa $ 25.

› www.airportflyer.co.nz
› **Super-Shuttle,** Wellington Airport Transfer, www.supershuttle.co.nz, Tel. 0800 748885

Anreise mit Mietwagen oder Campervan

Wer durch Neuseeland reist, gelangt über State Highway 1 oder 2 von Norden aus nach Wellington. Die Autobahnroute ist gut beschildert und der Weg bis ins Zentrum einfach zu finden. Die Abfahrt Aotea Quay/Waterfront empfiehlt sich vor allem für Campervan-Fahrer, da es hier die besten Parkplatzmöglichkeiten für größere Fahrzeuge gibt.

Die überdimensionale Gollumfigur im Hauptterminal des Wellingtoner Flughafens zieht die Blicke der Reisenden magisch an

Praktische Reisetipps
An- und Rückreise

Anreise mit Zug und Bus

Eine Zugreise in Neuseeland ist gleichzeitig eine Sightseeingtour durch eine Vielzahl von Landschaften. Der Northern Explorer und Busse bedienen die Strecke von Auckland nach Wellington und halten alle an der Railway Station (s. S. 128) in der Bunny Street in Wellington.

> **Northern Explorer (Zug),** Tel. +64 44950775, 0800872467 (kostenfrei in Neuseeland), www.kiwirailscenic.co.nz, Fahrzeiten: Mo./Do./Sa., Fahrzeit rund 10,5 Std., Preise Erwachsene $ 198, Kinder $ 139.

> **InterCity Coachlines (Bus),** Tel. +64 95835780 (aus dem Ausland), 3850520, www.intercity.co.nz, Tickets Auckland–Wellington $ 80 pro Pers., Fahrzeit ca. 11 Std.

> **Nakedbus,** Tel. 090062533 (kostenpflichtig, $ 1,99 aus dem Festnetz in Neuseeland), www.nakedbus.com, Tickets Auckland–Wellington ab $ 40 pro Pers., Fahrzeit ca. 12 Stunden

Fähre von der Südinsel

Es gibt zwei Fährgesellschaften, welche regelmäßig Transporte für Personen und Fahrzeuge von der Südinsel anbieten. Die Schiffe legen im malerischen Örtchen Picton in den Marlborough Sounds auf der Südinsel ab und fahren in rund 3,5 Stunden durch die Cook Strait in den Wellingtoner Hafen.

> **Interislander,** Aotea Quay, Wellington, Tel. +64 44983302, 0800802802 (kostenfrei innerhalb Neuseelands), www.interislander.co.nz. Bucht man die Fähre rechtzeitig, bekommt man meist noch die günstigste Preiskategorie. Ein Ticket für die Strecke von Wellington nach Picton kostet dann rund $ 55 pro Erwachsenen, Kinder (2–17 J.) $ 28, Senioren (ab 60 J.) und Studenten $ 53, Babys (unter 2 J.) kostenfrei. Wer ein Fahrzeug mitnehmen möchte, muss in der Hochsaison unbedingt sein Ticket vorbuchen. Kosten pro Standard-Pkw rund $ 170.

> **Bluebridge,** 50 Waterloo Quay, Wellington, www.bluebridge.co.nz, Tel. +64

44716188, 0800844844 (kostenfrei in Neuseeland). Es gibt Tickets in der günstigsten Preiskategorie für Erwachsene und Senioren (ab 60 J.) ab $ 51, Kinder (1–17 J.) $ 26, Babys (unter 1 J.) kostenfrei. Die Mitnahme eines Kleinwagens kostet für die einfache Fahrt rund $ 118.

Barrierefreies Reisen

Seit 2004 ist in den Baurichtlinien in Neuseeland verankert, dass öffentliche Gebäude sowie Firmen, Restaurants und Cafés behindertengerecht ausgestattet sein müssen. Deshalb findet man überall Rampen und behindertengeeignete Toilettenanlagen. An den Flughäfen gibt es spezielle Assistenz für Rollstuhlfahrer und gehbehinderte Reisende. Jeder zweite Waggon der Züge von **Tranz Metro** hat mittlerweile einen stufenlosen Einstieg und Zonen mit klappbaren Stühlen. Auch viele Busse bieten tiefe Einstiege. Zudem sind sogenannte *kneeling buses* im Einsatz, Busse, die per Hydraulik die Einstiegshöhe verringern. Der Fahrer wird auf Nachfrage behilflich sein. Die **East by West Hafenfähre** (s. S. 128) kann Rollstuhlfahrer aufnehmen, mit wuchtigen elektrischen Rollstühlen ist der Einstieg jedoch nicht möglich.

› www.metlink.org.nz. Auf dieser Internetseite der Wellingtoner Verkehrsbetriebe (Bus, Bahn, Fähre) wird mit dem Rollstuhlfahrersymbol angezeigt, welche Route und Fahrzeuge für Rollstuhlfahrer geeignet sind. Unter „plan your journey" kann man sich die gewünschte Fahrstrecke mit allen Details anzeigen lassen.

◁ *Die Interislander Fähre verbindet Wellington auf der Nordinsel mit Picton auf der Südinsel*

› Alle **Taxiunternehmen** in Wellington müssen geschultes Personal einsetzen, welches gehbehinderten Menschen beim Transport hilft. Wer einen für Rollstuhlfahrer geeigneten Van benötigt, sollte diesen speziell vorbuchen (s. S. 128).
› Wer **Lokale** sucht, die für Rollstuhlfahrer geeignet sind, kann unter http://bars-restaurants.wellingtonnz.com/search?where=Wellington+City das Kästchen „Wheelchair Accessible" angeben und erhält dann eine Liste zur Auswahl.

Für sehbehinderte Menschen haben viele Ampelschaltungen in der Stadt Tonsignale, die kenntlich machen, wenn die Ampel umschaltet. Auf vielen Bahnhöfen und an Bushaltestellen gibt es Markierungen auf dem Boden, die mit dem Blindenstock erfühlt werden können. Der Airport Flyer (s. S. 101), die Buslinie von und zum Flughafen in Wellington, ist mit einer elektrischen Stationsdurchsage ausgestattet.

› Gute Tipps und Auskünfte jeglicher Art gibt die neuseeländische Blindenorganisation **Foundation of the Blind**, www.rnzfb.org.nz.

Diplomatische Vertretungen

In Deutschland, Österreich und der Schweiz

› **Neuseeländische Botschaft in Deutschland,** Friedrichstraße 60, 10117 Berlin, Tel. 030 206210, www.nzembassy.com/germany, geöffnet: Mo.–Do. 9–13 u. 14–17.30 Uhr, Fr. 9–16.30 Uhr
› **Neuseeländisches Generalkonsulat Hamburg,** New Zealand Trade and Enterprise, Zürich-Haus, Domstraße 19,

20095 Hamburg, Tel. 040 4425550, www.nzte.govt.nz
> **Neuseeländische Botschaft in Österreich**, Mattiellistraße 2-4/3, 1040 Wien, Tel. 01 5053021, www.nzembassy.com/austria, geöffnet: Mo.-Fr. 9-17 Uhr
> **Neuseeländisches Generalkonsulat in der Schweiz**, 2 Chemin des Fins, 1218 Grand Saconnex, Genf, Tel. 02 29290350

In Wellington

- **105** [bj] **Deutsche Botschaft in Wellington**, 90-92 Hobson St, Thorndon, Wellington 6011, Tel. +64 44736063, www.wellington.diplo.de, geöffnet: Mo.-Fr. 8-12 Uhr oder nach Vereinbarung, telefonische Auskunft Mo.-Do. 7.30-16.30 Uhr, Fr. 7.30-15 Uhr, in Notfällen Tel. +64 21651987
- **106** [C5] **Österreichisches Honorargeneralkonsulat**, Level 4, 75 Ghuznee St, Wellington 6011, Tel. +64 43841402, geöffnet: Di./Mi. 9.30-13 Uhr
- **107** [C2] **Schweizer Botschaft in Wellington**, 10 Customhouse Quay, Level 12, Wellington 6140, Tel. +64 44721593, www.eda.admin.ch/wellington, geöffnet: Mo.-Fr. 8.30-12 Uhr, Notfall-Hotline +41 313253333

Ein- und Ausreisebestimmungen

Visum

Aufgrund des vereinfachten Visa-Abkommens zwischen Europa und Neuseeland erhalten deutsche, österreichische und Schweizer Staatsbürger bei der Einreise automatisch ein **dreimonatiges Besuchervisum**. Man muss jedoch vorweisen, dass man bereits Tickets für die Weiter- oder Rückreise besitzt. Der eigene Reisepass muss noch mindestens drei Monate nach dem geplanten Rückreisedatum gültig sein. Auf Nachfrage muss man zudem nachweisen können, dass man bei der Einreise ausreichende Geldmittel für die Dauer des Aufenthaltes zur Verfügung hat. Der geforderte Mindestbetrag sind rund $1000 pro Monat pro Person.

Wer über Australien nach Neuseeland reist und bei der Durchreise mehr als acht Stunden Aufenthalt in Australien hat, muss vor Beginn der Reise ein **Transit-Visum** für Australien beantragen.

Wer plant, länger als drei Monate in Neuseeland zu reisen oder kein Staatsbürger der EU ist, muss im Vorfeld einen Visumsantrag oder eine **Besuchsverlängerung** von bis zu neun Monaten Gesamtzeit bei der neuseeländischen Botschaft in Berlin beantragen (s. S. 103). Wer sein Visum erst nach seiner Ankunft über die drei Monate hinaus verlängern möchte, kann dies vor Ablauf des Visums bei Immigration New Zealand in Wellington beantragen.

- **108** [B4] **Immigration New Zealand**, Level 2, Kordia House, 109-125 Willis Street, Wellington, Tel. 0508558855 (kostenfrei aus dem neuseeländischen Festnetz)

> **EXTRAINFO**
> **Reisedokument für Kinder**
> Seit dem 26. Juni 2012 berechtigen Kindereinträge im Reisepass der Eltern das Kind nicht mehr zum Grenzübertritt. Somit müssen alle Kinder ab Geburt bei Reisen ins Ausland über ein eigenes Reisedokument verfügen.

Zollformalitäten

Jeder Passagier muss bei der Einreise nach Neuseeland am internationalen Flughafen eine eigene ausgefüllte **Arrival Card** vorlegen. Diese bekommt man im Flugzeug ausgehändigt. Neben persönlichen Angaben werden bei der Ankunft am Flughafen Zollformalitäten abgefragt, die man wahrheitsgemäß beantworten muss, um hohen Geldstrafen zu entgehen.

Neben der Zollbehörde gibt es in Neuseeland noch das MAF, das **Ministry for Agriculture and Forestry**. Auch dieses Ministerium kontrolliert Passagiere und ankommende Fracht, da bestimmte Produkte nicht nach Neuseeland eingeführt werden dürfen, um das sensible Ökosystem des Inselstaates zu schützen. Gepäckstücke dürfen beispielsweise nicht verschmutzt sein. Wer Lebensmittel mitbringt, muss diese in die speziellen Quarantäne-Mülleimer entsorgen oder auf der Arrival Card angeben. Sollten die Beamten Beanstandungen haben, ist es einem überlassen, ob man für die Rücksendung nach Hause zahlen möchte oder die Ware kostenlos vernichten lässt.

Wer gegen die Richtlinien verstößt, muss mit empfindlichen Sofortstrafen von $ 400 rechnen, es können je nach Vergehen Bußgelder von bis zu $ 100.000 verhängt werden und in Einzelfällen sogar Gefängnisstrafen von bis zu fünf Jahren Haft drohen.

Wer sich unsicher ist, ob er mitgebrachte Waren einführen darf, sollte diese immer deklarieren. Die Beamten an den Kontrollstellen sind sehr hilfsbereit.

› **Zollfreimengen:** Einfuhr nach Neuseeland, Zollfreimengen pro Person über 18 Jahren für den Eigenbedarf: 4,5 l Bier oder Wein, 1 Flasche (je max. 1125 ml) Spirituosen, 200 Zigaretten oder 250 Gramm Tabak oder 50 Zigarren, Neuwaren im Wert von max. $ 700.

> **EXTRAINFO**
>
> **Einfuhr verboten – der Natur zuliebe!**
> Um die fragile Tier- und Pflanzenwelt Neuseelands vor schädlichen Einflüssen von außen zu schützen, gelten bei der Einreise strike Einfuhrbestimmungen. Manche Waren dürfen gar nicht eingeführt werden und etliches muss man deklarieren. Nähere Infos erhält man auf der Website des Ministry for Agriculture and Forestry. Dort kann man auch die Broschüre „Declare or Dispose" herunterladen.
> › **Ministry for Agriculture and Forestry,** Tel. +64 48940100, 0800008333 (kostenfrei aus dem neuseeländischen Festnetz), www.biosecurity.govt.nz

Elektrizität

In Neuseeland beträgt die **Netzspannung 230 Volt** mit einer Frequenz von 50-Hz-Wechselstrom. Deutsche Elektrogeräte funktionieren ohne Probleme, allerdings benötigt man einen dreipoligen Reiseadapter für die Steckdosen. Diese sind sowohl am Flughafen als auch in vielen Convenience Stores erhältlich und kosten rund $ 20.

Film und Foto

Wer gerne fotografiert, wird in Neuseeland paradiesische Zustände vorfinden. Die Lichtsituationen sind einmalig und die Landschaft unglaublich vielfältig. Sollten vor Ort Ersatzteile

benötigt werden, gibt es in Wellington zwei hervorragende Adressen:
- 🛍 **109** [C5] **Photo Warehouse Wellington City**, 140 Victoria St, Tel. 3851542, www.photowarehouse.co.nz
- 🛍 **110** [D6] **Wellington Photographic Supplies**, 11–15 Vivian St, Tel. 3843713, 0800322216 und 28 Grey Street, Wellington, Tel. 4720608, www.wps.net.nz

In Wellington kann sich jeder Hobbyfotograf austoben, es gibt nur zwei wichtige Regeln zu beachten. Die meisten Eltern mögen es nicht, wenn man ihre Kinder aufnimmt, ohne vorher zu fragen. Ebenso gibt es ein ethisches Fotoverbot in Maori-Versammlungshäusern, den Marae. Deshalb dürfen einige Gegenstände im Te Papa nicht fotografiert werden. Am besten fragt man die Information im 1. Stock.

Geldfragen

In Neuseeland wird in **Neuseeland-Dollar** bezahlt. Diese Währung wird in vielen deutschen Magazinen mit NZD angegeben oder als NZ$ gekennzeichnet, um sich vom amerikanischen Dollar zu unterscheiden. Oft wird umgangssprachlich auch vom „Kiwi-Dollar" gesprochen.

Es sind Banknoten mit $5, $10, $20, $50 und $100 im Umlauf. Zudem gibt es Münzen im Wert von 10, 20 und 50 Cent, $1 und $2. Seit der Abschaffung der kleinen Cent-Geldstücke tritt bei der Barzahlung das Rundungssystem in Kraft. Bei einer Kommastelle bis $0,05 wird abgerundet, ab 0,06 wird aufgerundet. Folglich darf man sich nicht wundern, wenn bei krummen Beträgen nicht auf den Cent genau herausgegeben wird.

In den vergangenen Jahren hat der Neuseeland-Dollar durch die weltweite Wirtschafts- und Eurokrise immer wieder Rekordhochstände erreicht. Deshalb sind für Europäer viele Reisekosten in Neuseeland teurer geworden. Wer das öffentliche Verkehrsnetz nutzt, in einfachen Lokalen und Cafés essen geht und einige kostenpflichtige Sehenswürdigkeiten pro Tag nutzt, sollte mit $80–100 pro Tag und Person kalkulieren, die Unterkunft noch nicht inbegriffen.

Die einfachste Art, bereits direkt nach der Ankunft an Bargeld zu gelangen, ist das Abheben von Geld am **Geldautomat** *(ATM = Automatic Teller Machine).* Hier kann man sowohl mit der eigenen EC-Karte mit Maestro-Logo als auch mit der Kreditkarte und dem zugehörigen PIN-Code Geld abheben. Wer sich nicht sicher ist, ob seine Bankkarte im Ausland zum Geldabheben zugelassen ist, sollte vor der Abreise bei der Hausbank nachfragen.

Überall in Wellington gibt es Bankfilialen und Geldautomaten. Die gängigsten **Banken** in Neuseeland sind: ASB, Westpac, Bank of New Zealand, Kiwi Bank und ANZ. Die Westpac hat beispielsweise internationale Vereinbarungen für günstige Studentenkonditionen mit der Deutschen Bank, auch die Postbank SparCard bietet pro Jahr einige Abhebungen im Ausland kostenfrei an. Meistens wird jedoch ein prozentualer Auslands-

Wechselkurse

1 € = $1,63
$1 = 0,61 €/0,76 SFr
1 SFr = $1,32
(Stand Ende 2013)

Praktische Reisetipps
Geldfragen

einsatz oder eine Festgebühr von beispielsweise 5 € pro Abhebung verlangt. Dabei spielt es dann keine Rolle, wie viel Geld abgehoben wird. Man sollte sich vor der Abreise bei der eigenen Bank über die Auslandsgebühren informieren. Maximalsumme pro Abhebung pro Tag beträgt an den meisten Geldautomaten in Wellington zwischen $800–1000. Eine Auswahl an Automaten und ihre Standorte können unter http://visa.via.infonow.net/locator/global angezeigt werden.

Sollte dringend eine größere Summe benötigt werden, kann man sich diese gegen Gebühr über die **Western Union** schicken lassen, www.westernunion.de.

Wer Bargeld oder Travellerschecks mitbringt, kann diese bei allen Bankfilialen oder **Wechselstuben** am Flughafen und in der Stadt in Neuseeland-Dollar eintauschen. Allerdings ist der Wechselkurs von Bargeld und Travellerschecks oft mehr als 1 Cent schlechter als beim Abheben von Bargeld mit der deutschen Karte am Geldautomaten. Die Kernöffnungszeiten für Banken und Wechselstuben sind Mo.–Fr. 9–16.30 Uhr.

In Neuseeland ist das **bargeldlose Bezahlen** ohnehin gang und gäbe. Selbst der kleine Einkauf oder der Kaffee von wenigen Dollar werden bargeldlos mit Karte entrichtet. Nahezu jedes Geschäft und Lokal in Wellington City ist mit entsprechenden Kartenlesern ausgestattet. Nur im Bus muss bar bezahlt werden (s. S. 127).

Etliche Geldinstitute statten ihre Geldkarten mittlerweile mit der europäischen Bezahlfunktion „V Pay" aus. Solche Karten können in Neuseeland nicht genutzt werden. Nähere Informationen dazu gibt es bei der Bank oder unter www.vpay.de.

Wellington preiswert

Neuseeland bietet viele Möglichkeiten, günstig zu reisen. Auch in und um Wellington sind zahlreiche Attraktionen für die Besucher kostenfrei.

- ❯ *Te Papa Tongarewa National Museum* ❷, *außer Sonderausstellungen*
- ❯ *Museum of Wellington City & Sea* ❼
- ❯ *City Gallery* ❿, *außer Sonderausstellungen*
- ❯ *Beehive, einstündige Parlamentsführung* ⓮
- ❯ *Old St Paul's Church* ⓰
- ❯ *Wellington Cable Car Museum (s. S. 36)*
- ❯ *Botanic Gardens* ㉑
- ❯ *Weta Caves und Filmvorstellung „Behind the scenes"* ㊵
- ❯ *Nationalparks im nahen Umland wie beispielsweise der East Harbour Regional Park (s. S. 93)*

Wer sich viele Attraktionen ansehen möchte, für den kommt der Wellington City Pass in Frage. Er bietet einen Paketpreis für eine Tal- und Bergfahrt für das Wellingtoner Cable Car ⓴ *sowie zwei kostenfreie Eintritte nach Wahl zu diesen Attraktionen: das Wildlife Sanctuary Zealandia* ㉓, *den Zoo (s. S. 112) oder das Carter Observatory* ㉒ *sowie zusätzliche Rabatte in Lokalen und Shops.*

- ❯ *Wellington City Pass, $39,50 Erwachsene, $15 Kinder (5–16 J.), mit Transport für Erwachsene ab $75. Der Pass ist nach Ausstellungsdatum sieben Tage gültig und im i-Site (s. S. 108) erhältlich.*

Informationsquellen

Infostellen zu Hause

› www.newzealand.com – Auf der offiziellen Website von Tourism New Zealand kann man unter Länderwahl „Deutschland" einstellen und bekommt dann eine perfekte Rundumauskunft auf Deutsch. Vertretungen in Deutschland, Österreich und der Schweiz unterhält die Tourismusbörse Neuseelands nicht mehr.

Infostellen in der Stadt

Die beste Adresse für jede Art von Auskunft ist die Touristeninformation, das i-Site am Civic Square ❾. Unterkunfts- und Tourenbuchung, Fahrplanauskunft, Ticketservice – das geschulte Fachpersonal hilft jedem individuell weiter. Zudem gibt es hier kostenloses Info- und Kartenmaterial, Programmhefte, Broschüren und Rabattgutscheine. Direkt vor der Touristeninformation starten auch viele Stadttouren.

- 111 [C4] **i-Site Visitor Centre**, Civic Square, Ecke Victoria und Wakefield St, Tel. 8024860, geöffnet: tägl. 8.30–17 Uhr, Feiertage 11–16 Uhr

> **EXTRATIPP**
>
> **Deutsche Zeitungen und Zeitschriften**
>
> Wen es auch im Urlaub nach deutschsprachigem Lesestoff dürstet, der sollte einfach ins Goethe-Institut gehen. Hier gibt es Spiegel, Stern und Focus sowie einige Tageszeitungen zum kostenlosen Lesen. Zudem hilft das nette deutschsprachige Team auch gerne bei allen anderen Fragen weiter.
> - 115 [C6] **Goethe-Institut Wellington**, 150 Cuba Street, Tel. 3856924, geöffnet: Mo.–Do. 11–17.30 Uhr

› **i-Site Visitor Centre Interislander Ferry**, Informationsstand auf der Kaitaki-Interislander-Fähre zwischen Nord- und Südinsel, Deck 7, Tel. 277747483, geöffnet: tägl. 7.45–16.35 Uhr, 25. Dezember geschlossen

› **Mobiler i-Site-Wagen für Kreuzfahrtschiffbesucher**, Brandon St und Cable Car Lane, Tel. 21977130, geöffnet: 8–12 Uhr an Tagen mit Kreuzfahrtschiffverkehr in Wellington

Kartenservice

Wer sich für eine Kulturveranstaltung oder Konzerte interessiert, kann sich im i-Site (s. S. 108) Auskünfte holen oder im Internet bei Eventfinda (www.eventfinder.co.nz) informieren. Kartenverkauf unter:

- 112 [C4] **Ticketek Wellington**, www.ticketek.co.nz, Michael Fowler Centre, 111 Wakefield Street
- 113 [D5] **Ticketek St James Theatre**, 77–87 Courtenay Place, Tel. 3843840 oder 0800842538 (kostenfrei aus dem neuseeländischen Festnetz)
- 114 [C3] **Ticketmaster Wellington**, www.ticketmaster.co.nz, Capital on the Quay, 256 Lambton Quay

Die Stadt im Internet

› www.wellingtonnz.com – Die offizielle Website der Tourismusbehörde für Bürger und Besucher informiert bestens über Unterkünfte, Restaurants und Bars, Events, Attraktionen und Aktivitäten, Shopping und alles, was man bei einem Besuch von Wellington wissen muss.

› www.tourism.net.nz – Der offizielle neuseeländische Tourismusguide bietet einen guten Überblick über die Region. Einfach Wellington auswählen und unter Sprache „German" anklicken, dann kann man alle wichtigen Infos sogar auf Deutsch lesen.

Meine Literaturtipps

› Claudia Edelmann, **Maori – Neuseelands verborgener Schatz**, Verlag F. Belletristik. Wo liegt das geheimnisvolle Hawaiki, das Grund für viele Spekulationen ist, und wie funktioniert die Maori-Sprache? Inwieweit dient der Regenwald den Maori als natürliche Apotheke und welche Rolle spielt der Marae in ihrem Leben? In Interviews und persönlichen Gesprächen mit Maori ist die Autorin Claudia Edelmann diesen und anderen Fragen auf den Grund gegangen.

› Anke Richter, **Was scheren mich die Schafe: Unter Neuseeländern. Eine Verwandlung**, Kiepenheuer&Witsch. Als Anke Richter auf eine Kostümparty mit dem Motto „Luftschlacht um England" eingeladen wird, ahnt sie: Kiwis und Kölner – dazwischen liegen Welten. Willkommen in Neuseeland, dem Land der Schafe, Hobbits und Verkleidungsfanatiker. Auch das Deutschlandbild der Einheimischen ist gewöhnungsbedürftig. Eigentlich wollte Anke Richter einmal Kriegsreporterin werden. Jetzt führt sie einen humoristischen Kampf gegen Goretex-Germanen und unausrottbare Klischees. Ein witziges Buch über Deutsche, Neuseeländer und die Welten, die dazwischen liegen.

› Ian Brodie, Anja Welle, **Der Herr der Ringe – Reiseführer zu den Schauplätzen**, Hobbit Presse Klett-Cotta. Im Buch steht neben GPS-Daten und vielen zusätzlichen Infos alles über die Drehorte in Neuseeland, an denen Sir Peter Jackson die dreiteilige Tolkien-Verfilmung „Herr der Ringe" zum Leben erweckt hat.

› Haupai Puke und Ray Harlow, **Maori Wort für Wort**, REISE KNOW-HOW Verlag. Die meisten Maori leben auf der Nordinsel Neuseelands. Die Sprache Maori gehört zur Familie der polynesischen Sprachen und wird ausschließlich in Neuseeland gesprochen. Es gibt viele Gelegenheiten, die Maori kennenzulernen und ihre Sprache zu hören. Wer die Kultur richtig kennenlernen möchte, sollte sich ein paar Grundkenntnisse der Sprache aneignen.

› Jane Campion und Kate Pullinger, **Das Piano**, Piper. Dieser Roman nach Jane Campions weltweit gefeiertem filmischen Meisterwerk, das ein Millionenpublikum begeisterte, spielt in der sumpfigen Wildnis Neuseelands und erzählt von der leidenschaftlichen Affäre der stummen jungen Ada mit dem Einwanderer Baines. Ein Blick in das Neuseeland des 19. Jahrhunderts.

› www.wellington.govt.nz – Die offizielle Website der Stadt bietet Hintergrundinformationen zur City und alle wichtigen Informationen zum Parken, zu Schwimmbädern und Events in Wellington.

› www.localist.co.nz – Die Website gibt Shopping- und Restauranttipps, weiß, wo es Rabatte gibt, und nach Kategorien geordnet kann jeder Informationen zu seiner Lieblingsbeschäftigung finden.

Publikationen und Medien

Wer aktuelle Landesnachrichten lesen möchte, sollte einen Blick in die Wellingtoner **Tageszeitung Dominion Post** werfen. Im Internet kann man die wichtigsten Artikel auch online lesen (www.stuff.co.nz/dominion-post).

Wen allerdings internationale Geschehnisse interessieren, der sollte sich eher an die **New York Times** halten, welche es kostenfrei neben anderen internationalen Tagesblättern aus Australien und Asien in der City Library am Civic Square ❾ zu lesen gibt.

Um **Landkarten der Region und Stadtpläne von Wellington** zu bekommen, empfiehlt sich ein Gang zum i-Site (s. S. 108). Neben Kaufexemplaren gibt es dort auch viele kostenfreie Detailkarten und Faltpläne, z. B. von Jason's.

Informationen zu aktuellen **Veranstaltungen** findet man am besten unter www.wellingtonNZ.com, www.events.nz.com (neuseelandweite Suche per Datumseingabe) und www.jasons.co.nz/ebooks/wellington-whats-on. Jason's hat auch kostenlose Printausgaben des aktuellen **Veranstaltungskalenders „What's on"** im i-Site (s. S. 108) und in Hostels und Backpackers bereitliegen.

Wer von Dezember bis März nach Wellington kommt, für den lohnt sich ein Blick in die kostenlose, jeweils aktuelle **Broschüre „Summer City"** im praktischen Taschenformat, welche ebenfalls im i-Site zum Mitnehmen ausliegt.

Die aktuellen Tageszeitungen und neuseeländische Magazine liegen auch kostenfrei zum Lesen in fast allen Cafés der Stadt aus. Viele Hotels bieten ebenfalls kostenfreien Lesestoff für ihre Gäste an.

Internet und Internetcafés

In Wellington Internetzugang zu bekommen ist einfach. Viele Hotels, Hostels und sogar private Ferienhäuschen bieten heute kostenfreie Internetnutzung.

Wer jedoch den schnellen Zugang aus Europa gewohnt ist, muss sich hier ein bisschen umstellen. Ganz Neuseeland hängt an nur einer Leitung, weshalb zu Hochzeiten die Internetverbindung trotz Breitband etwas langsamer ist als man das von zu Hause kennt.

In der Stadt gibt es **zwei öffentliche kostenlose Hotspots**, einen im CBD, dem Central Business District, und einen an der Waterfront ❶. Viele Cafés und Restaurants bieten zudem kostenlosen WiFi-Zugang an, sollte das Netzwerk per Passwort geschützt sein, hilft eine kurze Frage nach den Zugangsdaten. Offen sind die Internetverbindungen in den Filialen von Mc Donald's.

Wer kein Smartphone, Tablet oder Laptop dabei hat, für den ist die **Stadtbücherei** die richtige Adresse. Hier kann man an den Computerarbeitsplätzen kostenlosen Internetzugang nutzen.

🏛 **116** [C4] **Wellington City Library**, 65 Victoria St, Tel. 8014068, www.wcl.govt.nz, geöffnet: Mo.–Fr. 9.30–20.30 Uhr, Sa. 9.30–17 Uhr, So. 13–16 Uhr

@**117** [C5] **Iplay Internet Café**, 49 Manners St, Tel. 4940088. Gemütliche Stühle, Tische zum Ablegen der Utensilien und 24 Stunden geöffnet, ist der Laden die richtige Adresse für alle, die im Netz surfen, skypen oder E-Mails schreiben wollen.

› Wer nach dem nächsten verfügbaren **WiFi-Spot** suchen will, findet dazu mehr unter www.jiwire.com.

Maße und Gewichte

Wer in Wellington einkaufen geht, sollte sich in puncto Schuh- und Kleidungsgrößen nicht verwirren lassen. Hier werden australische, amerikanische und britische Größenangaben vermischt. Mehr dazu auf Seite 17. Grundsätzlich sind in Neuseeland aufgrund der Anbindung an Großbritannien **britische Einheiten** wie *pounds (lb), ounces (oz), foot (ft), inches (in)* und *miles (mi)* noch immer sehr gebräuchlich. Entweder man sieht unter www.metric-conversions.org nach oder rechnet selbst um:
> 1 lb = 0,454 kg
> 1 ft = 0,305 m
> 1 mi = 1,609 km

Medizinische Versorgung

Die medizinische Versorgung in Wellington ist hervorragend. An Krankenhäusern und Allgemeinmedizinern mangelt es nicht, viele Medikamente bekommt man ohne Rezept in den Apotheken *(pharmacies)* und gängige Schmerzmittel, Nahrungsergänzungs- und Erkältungspräparate sogar im Supermarkt.

Krankenhäuser und Ärzte

Wer dringend ärztliche Hilfe außerhalb der Öffnungszeiten der Arztpraxen (normalerweise Mo.–Fr. 8–17.30 Uhr) benötigt, sollte das Wellington Hospital oder das Hutt Hospital aufsuchen und direkt in die Notaufnahme *(emergency department)* gehen. Diese hat auch entsprechende zahnmedizinische Abteilungen. Eine Alternative sind sogenannte **After Hours Medical Centre**, in denen ein Allgemeinmediziner Nachtdienst hat und denen eine Nachtapotheke angeschlossen ist.

Während der normalen Sprechzeiten ist der Gang zu einem Allgemeinmediziner (GP, *general practitioner*) in einem **Medical Centre** zu empfehlen, wo mit kürzeren Wartezeiten als in der Notaufnahme des Krankenhauses zu rechnen ist. Handelt es sich um einen Unfall, übernimmt ACC, die staatliche Unfallversicherung, einen Großteil der Kosten. Ansonsten müssen Deutsche, Österreicher und Schweizer die Arztrechnung sofort begleichen. Nicht immer gibt es die Möglichkeit, vor Ort mit Kreditkarte zu bezahlen, weshalb man vorsichtshalber Bargeld einstecken sollte. Eine normale, rund 15-minütige Konsultation kostet für Touristen aus dem Ausland etwa $85. Mit einem entsprechenden Beleg können diese Behandlungskosten nach der Reise bei der eigenen Auslandskrankenversicherung (s. S. 129) eingereicht werden.

✚**118** [bl] **Wellington Hospital,** Riddiford Street, Newtown, Tel. 3855999

✚**119** [fg] **Hutt Hospital,** High Street, Lower Hutt, Tel. 5666999

✚**120** [bk] **AMC – Wellington Accident & Urgent Medical Centre,** 17 Adelaide Road, Newtown, Tel. 3844944, geöffnet: tägl. 8–23 Uhr

✚**121** [fg] **Lower Hutt After Hours Medical Centre,** 729 High Street, Lower Hutt, Tel. 5675345, geöffnet: Mo.–Fr. 17.30–23 Uhr, Sa./So./Feiertg. 8–23 Uhr

✚**122** [C3] **City Medical Centre,** Deloitte House, Level 1, 10 Brandon Street, Tel. 4712161, www.citymedical.co.nz

✚**123** [B5] **Citygps,** 189–191 Willis Street, Tel. 3816161, www.citygps.co.nz

✚**124** [C2] **The Terrace Medical Centre,** Level 1, 50 The Terrace, Tel. 4724266

Apotheken

In allen größeren Apotheken wird man gut beraten und bekommt viele Präparate ohne Rezept. Wer nachts dringend Arzneimittel benötigt, kann bis 23 Uhr in den Apotheken der After Hours Medical Centre einkaufen oder einfache Präparate im Supermarkt erhalten (s. S. 19).

Die größeren Apothekenketten in Wellington heißen Radius, Unichem und Life Pharmacy. Weitere Filialen findet man auf den entsprechenden Internetseiten.

✚ **125** [C5] **Life Pharmacy,** James Smith Building, Ecke Cuba und Manners St, Tel. 4991466, www.lifepharmacy.co.nz

✚ **126** [C4] **Radius Pharmacy,** 16 Willis St, Tel. 4728945, www.radiuspharmacy.co.nz

✚ **127** [D5] **Unichem Pharmacy,** 100 Courtenay Place, Tel. 3848333, www.pharmacybrands.co.nz

Mit Kindern unterwegs

Wellington ist eine kleine, grüne Stadt, die mit attraktiven Angeboten für Familien mit Kindern aufwartet. Ob Spielplätze inmitten der Einkaufsstraße, Badestrände oder kindgerechte Lokale und Attraktionen, mit Kids ist man überall gerne gesehen. Auch die leckeren Kindermenüs in vielen Restaurants, attraktive Familientarife, Kinderermäßigungen bei Bus, Bahn und Fähren und günstigere Eintrittspreise für die Kleinen machen einen Aufenthalt mit Kindern in der Stadt für Groß und Klein zum entspannten Erlebnis.

Viele Aktivitäten wie die Fahrt mit dem Cable Car ⑳, der Fähre oder ein Ausflug zum Badestrand machen sowohl Erwachsenen wie auch Kindern Spaß. Es gibt jedoch einige Ecken, die man mit Kindern im Gepäck unbedingt ausprobieren sollte.

★ **128** [bl] **Wellington Zoo:** Der kleine, aber besonders liebevoll etablierte Zoo beherbergt nicht nur Vertreter heimischer Tierarten wie Kiwi, Zwergpinguine *(little blue penguins)* oder Kea-Papageien, sondern auch Giraffen, Löwen, Tiger, Mondbären, Schimpansen und Kängurus. Mit kleinen Spielarealen zum Herumtoben und der Möglichkeit, bei den Zoo Talks der Pfleger oder am „Nest", dem Zoo-Krankenhaus mit Glasfenstern, mehr über die Haltung und den Lebensraum der Tiere zu erfahren. Bei einem Zoo Encounter kann man gegen Sondergebühr sogar Tiere streicheln und den Pflegern bei der Arbeit helfen. Wellington Zoo, 200 Daniel St, Tel. 3816755, www.wellingtonzoo.com, geöffnet: tägl. 9.30–17 Uhr, Eintritt: Erwachsene $ 21, Kinder (3–14 J.) $ 10,50, versch. Familienpässe erhältlich $ 41–63, Anfahrt mit Bus Nr. 10 oder Nr. 23

❯ **Te Papa Tongarewa** ❷: Das Nationalmuseum zeigt viele interaktive Ausstellungen, die hervorragend für Kinder jeden Alters geeignet sind. Vulkane und Erdbeben, Wale und Delfine oder die ausgestorbenen Riesenvögel Moa und Wetas, die größten krabbeligen Landinsekten der Welt, hier gibt es Wissen zum Anfassen. Zudem unterhält das Museum fünf verschiedene Discovery Centres, in denen es unter anderem Wissensspiele, Verkleidungskisten, Bastelecken, Kaufläden, Denksportaufgaben und Bücher gibt. Stundenlange lehrreiche Unterhal-

❯ *Bei der Giraffenfütterung im Wellingtoner Zoo dürfen die Besucher mithelfen*

Praktische Reisetipps
Mit Kindern unterwegs

tung und eine Entdeckungsreise schon für die Kleinsten ist garantiert. Das Café im Erdgeschoss hat Kinderspeisen auf der Karte, Hochstühle und eine Spielecke.
› **Museum of Wellington City & Sea ❼**: Hier können kleine Piraten auf Entdeckungsreise durch alte Schiffskajüten gehen und mit Hologramm-Prinzessinnen in Maori-Wakas die Legenden der Vorfahren erleben. Im Museum gibt es ein kindgerechtes Café für Stärkungen nach bestandenen Seeabenteuern. Besonders zu empfehlen, jedoch am Vortag bis spätestens 17 Uhr zu buchen, ist die Ship'n'Chips Tour. Zunächst geht die Tour mit der Fähre nach Matiu/Somes Island ㊼, wo die Historie der Stadt und ihre außerordentliche Tierwelt auf einem Rundweg entdeckt werden können. Auf der Rückfahrt ins Zentrum wird ein leckeres Fish'n'Chips-Mittagessen serviert, bevor dann eine geführte Tour durch das Museum of Wellington City & Sea die nahezu fünfstündige Entdeckungstour abschließt.

KURZ & KNAPP

Kinderparadies Neuseeland
Neuseeland ist familienreich und ausgesprochen kinderfreundlich. Niemand rollt mit den Augen, wenn man mit Kindern eintrifft, ganz im Gegenteil. Da kinderreiche Kiwi-Familien keine Seltenheit sind, dreht sich im Stadtalltag vieles um die Bedürfnisse der Kleinsten und so wird auch den Eltern das Leben leichter gemacht. Es gibt Doppelsitze im Einkaufswagen, Spielzeugkörbe und -ecken in vielen Cafés und Restaurants, Museen bieten interaktive Entdeckungszonen an, Hochstühle und Kindertoiletten oder Wickeltische gehören zur Grundausstattung fast jeder Örtlichkeit. Doch nicht nur die Grundbedürfnisse der Kids werden in Wellington befriedigt, die Stadt lässt sich auch wunderbar mit Kinderaugen entdecken. Ob auf dem Wasser, im Hafenbecken, im Park oder inmitten der Fußgängerzone – in Wellington haben Kinder Vorrang!

Praktische Reisetipps
Mit Kindern unterwegs

•**129** [C4] **Capital E** ist ein Platz, an dem Kreativität und Innovationsgeist gefördert werden. Das Sound House und die ONTV Studios bringen den Kindern neueste technische Errungenschaften kindgerecht näher. Eine Herausforderung und Lernerfahrung für wissbegierige Kinder, die ihre Welt begreifen wollen. Das kostenlose Kinderzentrum der Stadt Wellington bringt Spaß und vermittelt Wissen. Queens Wharf, Tel. 9133740, www.capitale.org.nz, geöffnet: Mo.–Fr. 9–17 Uhr

❯ **Enormous Crocodile Rikschas:** Nicht nur, wenn kleine Kinderfüße müde werden, eine gute Alternative, die Waterfront zu entdecken. Die als Krokodile hergerichteten Rikschas bringen Spaß für Alt und Jung. Ausgeliehen werden können die grünen Gefährte an Wochenenden und täglich in der Zeit der neuseeländischen Sommerferien von Weihnachten bis Anfang Februar von 10 Uhr bis Sonnenuntergang an der Waterfront ❶ in der Nähe der historischen Boat Sheds. Kontakt: Tony Christie, Tel. 06 3628004, 0272762269, Kosten: kleines Gefährt (3 Erwachsene, 2 Kleinkinder) halbe Std. $ 15, 1 Std. $ 24; große Riksch (4 Erwachsene, 2–3 kleine Kinder) halbe Std. $ 25, 1 Std. $ 40.

•**130** [C4] **Tretbootfahren in der Lagune:** Mit großen und kleinen Tretbooten *(paddle boats)* kann der Hafen unsicher gemacht werden. Eine Fahrt unter den mit Muscheln bewachsenen Brücken und Stegen im geschützten Innenbereich bringt Abwechslung in den Stadturlaub. Von der Lagune aus werden die Boote verschiedener Größe ins Wasser gelassen. Kontakt: Tel. 4999285, 021301569, Kosten: kleine Boote (2 Erwachsene, 1 Kleinkind) $ 10 für 15 Min., $ 15 für 30 Min., $ 30 für 1 Std., große Boote (3 Erwachsene, 2 Kinder) $ 15 für 15 Min., $ 20 für 30 Min., $ 40 für 1 Std.

㉑ **Botanischer Garten und Spielplatz:** 25 Hektar Auslauf für die Jungstars im Peace oder Australian Garden – Natur zum Anfassen, Riechen und Bestaunen. Es gibt einen Ententeich, ein Café auf der Aussichtsplattform und einen großartigen Abenteuerspielplatz. Im Dunkeln kann man hier sogar Glühwürmchen finden!

•**131** [C3] **Waterfront-Spielplätze:** Entlang der Oriental Parade und der Hafenanlage in Wellington kann man wahrlich Spielplatzhopping betreiben. Die größte Anlage befindet sich im Frank Kitts Park (s. S. 41). Kaffee und Eis gibt es gleich nebenan.

•**132** [bl] **Junglerama in Newtown:** Es gibt in Wellington viele Indoor-Spielplätze für Regentage. Besonders gut ausgestattet ist das Junglerama in Newtown. Eine zweite Einrichtung gibt es in Seaview [fi]. Gegen Eintritt können sich hier Kinder ohne Zeitlimit verausgaben. Junglerama Newtown, 52 Hall St, Tel. 9200200, Junglerama Seaview, 93 Hutt Road, Seaview/Lower Hutt, Tel. 5894888, www.junglerama.co.nz, Öffnungszeiten beider Filialen: tägl. 9.30–17.30 Uhr, Eintritt: zwischen $ 7–10 je nach Alter des Kindes, Erwachsene $ 2.

•**133 Adrenalin Forest:** Die Kletterlandschaft in den Bäumen ist für Kinder ab einer Größe von 1,30 m geeignet, der gesamte Parcours kann erst ab einer Größe von 1,45 m genutzt werden. Er ist in unterschiedliche Schwierigkeitsgrade eingeteilt. Nach einer Einweisung können Erwachsene und Nachwuchs die Baumwipfel unsicher machen. Okowai Road, Porirua, Tel. 04 2378553, www.adrenalin-forest.co.nz, geöffnet: Sommer (Nov.–Ende April) tägl. 10–14.30 Uhr (letzter Einlass), Winter Mo.–Fr. 11–14 Uhr (letzter Einlass), Sa./So. 10–14 Uhr (letzter Einlass), Eintritt: Kinder (zw. 1,30–1,45 m) $ 17, Kinder (über 1,45) $ 27, Erwachsene $ 42.

★134 **Staglands Wildlife Reserve:** Der Wildtierpark liegt idyllisch im Hinterland etwa 40 Autominuten nördlich von Wellington City und bietet ein Restaurant, aber auch kostenfreie BBQ-Möglichkeiten für ein Picknick. Tolle Anlage inmitten des Waldes, Hängebrücke, zutrauliche Tiere zum Füttern, Kutschenfahrt und Abenteuerspielplatz – ein Ausflug für die ganze Familie. 2362 Akatarawa Valley, RD2 Upper Hutt, Tel. 5267529, www.staglands.co.nz, geöffnet: tägl. 9.30–17 Uhr, Eintritt: Kinder (4–15 J.) $ 8, Erwachsene $ 20, Familienpass (2 Erwachsene, bis 3 Kinder) $ 56.

[S]135 **Pirates Cove Adventure Minigolf:** Auf dem Platz wird über Piratenschiffe, Wasserfälle, Schatzhöhlen und die gefährlichen Haigewässer gespielt. 2 Wineera Drive, Porirua, Tel. 04 2376809, www.adventuregolf.co.nz, geöffnet je nach Wetter, Sommer (Okt.–Dez./Feb.–April) So.–Mi. 9–17 Uhr, Do.–Sa. 9–20 Uhr, Jan. tägl. 9–20 Uhr, Winter (Mai–Sept.) Mo.–Fr. 10–17 Uhr, Sa./So. 9–17 Uhr, Eintritt: Kinder (1–4 J.) $ 1,50 pro Lebensjahr, Kinder (5–15 J.) $ 10, Erwachsene $ 12, Familienpass (2 Erwachsene, 2 Kinder o. 1 Erwachsener, 3 Kinder) $ 38.

Notfälle

In Neuseeland gibt es eine wichtige Notrufnummer für Feuerwehr, Polizei und Krankenwagen: 111. Zudem gibt es eine Seenotrufnummer von Maritime New Zealand.
> **Notruf:** Tel. 111
> **Seenotruf:** Tel. 0508 472269 (kostenfrei innerhalb Neuseelands), Tel. +64 45778030 (Anruf vom deutschen Handy)

➤136 [C4] **Wellington Central Police Station & Regional Headquarters,** Ecke Victoria und Harris St, Tel. 3812000, www.police.govt.nz

Karten- oder Ausweisverlust

Schon vor Reiseantritt sollte man sich bei seinem Kreditinstitut erkundigen, unter welcher Nummer man im Ausland die Geldkarte sperren lassen kann. Die meisten Banken sind mittlerweile dem zentralen deutschen Sperrnotruf angeschlossen. Wichtig bei einem Anruf ist, dass man die Kartennummer und die Gültigkeitsdauer der Karte kennt, da man diese Daten bei der Sperrung benötigt! Es gibt mittlerweile dazu sogar eine App für das Smartphone.

Für Österreicher und Schweizer gibt es für Kreditkarten keine zentrale Sperrnummer, hier sollten vor der Abreise bei der Hausbank die entsprechenden Notfallnummern erfragt werden.
> **Deutscher Sperrnotruf:**
Tel. 0049 116116
> Unter www.kartensicherheit.de findet man zudem weitere Informationen und kann sich einen SOS-Infovermerk zum Einstecken ausdrucken.
> **Sperrnotruf für österreichische Maestro-Karten in Neuseeland:**
Tel. 0800 449140

Wird der Reisepass gestohlen, meldet man den Diebstahl der örtlichen Polizeibehörde. Die konsularische Vertretung (s. S. 104) ist bei der Beschaffung eines vorübergehenden Reisepasses für die Weiter- oder Heimreise behilflich.

Fundbüro

In Neuseeland gibt es keine Fundbüros. Normalerweise ist die **lokale Polizeibehörde** beim Verlust von Gegenständen die richtige Anlaufstelle. Fundstücke geringeren Wertes geben Neuseeländer jedoch auch gerne im nächsten Geschäft um die Ecke ab. Dieser Kontrollgang auf der Suche nach den verlorenen Habseligkeiten lohnt sich immer! Zudem unterhält das lokale Transportunternehmen Tranz Metro ein internes Fundbüro.

> **Fundbüro Tranz Metro,** Lost Property, Tel. 4983013, geöffnet: Mo.–Fr. 6.30– 18.30 Uhr

Öffnungszeiten

Viele Touristen aus Europa sind über die normalen Ladenöffnungszeiten in Neuseeland überrascht, denn diese unterscheiden sich doch etwas von denen in der Heimat. Normale **Geschäfte** in der Innenstadt haben Mo.– Sa. 9.30–17.30 Uhr geöffnet. Freitag ist **Shoppingtag,** da kann man in den Einkaufszentren und der Innenstadt bis 20 Uhr einkaufen.

Auch zahlreiche **Cafés** stellen bereits gegen 16 Uhr die Stühle hoch, öffnen jedoch morgens schon gegen 6.30 Uhr.

Viele großen Warenhausketten und alle **Supermärkte** sind in Wellington auch an Sonntagen geöffnet, manchmal sogar 24 Stunden lang. Die Bezeichnung „24/7" oder „twentyfour-seven" bedeutet „rund um die Uhr an sieben Tagen der Woche".

Post

Filialen der New Zealand Post sind überall in der Stadt zu finden. Zum Teil sind sie Supermärkten oder Banken angegliedert. Man erkennt sie an ihrem Schriftzug auf rotem Hintergrund und dem weißen Brief-Logo. Die Öffnungszeiten variieren je nach Standort, doch die Kernzeiten sind Mo.–Fr. 8.30–17.30 Uhr.

✉ **137** [C3] **Post Shop Featherston Street,** 177–183 Featherston Street
✉ **138** [C4] **Central Post Shop,** 2 Manners Street, geöffnet: auch Sa. 9–14.45 Uhr
✉ **139** [D5] **Post Shop Courtenay Place,** 80 Courtenay Place

Wer Briefmarken benötigt, kann diese in fast allen Souvenirläden gleich mit den Postkarten oder in Supermärkten und Convenience Stores kaufen. Die Briefkästen in Neuseeland sind grau mit roten Markierungen. Hier darf ausschließlich Briefpost eingeworfen werden. Wiegt ein Umschlag mehr als 200 g, muss er von der Poststelle als Päckchen versendet werden und benötigt beim Auslandsversand einen in Englisch ausgefüllten Zollerklärungsaufkleber, welcher den Inhalt und Wert der Sendung deklariert.

> Preis pro Postkarte (bis 10 g) nach Europa: $ 1,90 (6–10 Werktage)
> Preis pro Brief – je nach Umschlaggröße: $ 2,40–2,90
> DINA4-Brief bis 200 g: $ 3,40

Radfahren

Die Einwohner von Wellington sind sportmotiviert. Sogar aus den Vororten werden mit dem Fahrrad über den Motorway am Morgen und Abend große Strecken zum Arbeitsplatz zurückgelegt, um etwas für die persönliche Fitness zu tun.

An der flachen Küste sieht man überall Radrennfahrer. Auch das Mountainbiken ist sehr beliebt. Es gibt in und um Wellington eigens gebaute Strecken.

Wer einen Radausflug unternehmen will, sollte bedenken, dass die Wellingtoner Innenstadt im Gegensatz zu deutschen Städten kaum

ausgebaute Radwege hat und deshalb die Fahrt nicht ganz ungefährlich ist. In Neuseeland besteht Helmpflicht, der Helm ist bei der Fahrradausleihe im Preis inbegriffen. Gutes Kartenmaterial gibt es kostenlos im i-Site (s. S. 108) oder im Internet (www.journeyplanner.org.nz/routing/moremaps).

Fahrradverleihstationen:

S140 [C3] **Fergs Kayaks Wellington Harbour**, Shed 6, Queens Wharf, Sommeröffnungszeiten tägl. 9–18 Uhr, Tel. 4998898, www.fergskayaks.co.nz. Der Verleih eines Cruiser Bikes kostet ab $ 15 pro Stunde.

S141 [el] **Bike Shed Eastbourne**, am Ende vom Eastbourne Parkplatz Muritai Road (Bus Barn) und **Days Bay Boat Shed**, Marine Parade, Days Bay (s. S. 119), Tel. 5628150 oder 0275700108, www.daysbayboatshed.co.nz, Öffnungszeiten variieren je nach Wetter, Voranruf empfehlenswert, Sommer (Dez.–Mai) 10 Uhr bis spät, Winter (Juni–Nov.) je nach Wetter. Hier gibt es gute Mountainbikes ab $ 19 für 2 Stunden, halber Tag $ 29, ganzer Tag $ 39.

S142 **Mud Cycles**, 421 Karori Road, Karori, Tel. 4764961, geöffnet: Mo./Di./Do./Fr. 9.30–18.30 Uhr, Mi. 9.30–19 Uhr, Sa. 9–17 Uhr, So. 10–17 Uhr, www.mudcycles.co.nz. Die Preise variieren je nach Bike-Typ und Verleihdauer von $ 30 für vier Stunden für ein Hardtail-Rad bis zu einem Wochenendpreis für ein Full-Suspension-Rad von $ 90. Tipp: Einfache Stadtfahrräder gibt es auch bei Base Backpackers, 23 Cambridge Tce (s. S. 124) und Trek Global Backpackers, 9 O'reily Ave (s. S. 124).

Schwule und Lesben

Wellington ist tolerant und offen, Homosexualität ist hier kein Tabu. In Neuseeland wurde Anfang 2013 als erstem Land im Pazifik die gleichgeschlechtliche Ehe legalisiert. Es gibt einige Szenelokale und -bars, doch in jeder Lokalität sind homosexuelle Gäste ebenso willkommen wie Heteros. Wellington hat keine ausgesprochenen Schwulen- oder Lesbenviertel. Es werden keine Unterschiede aufgrund der sexuellen Orientierung gemacht, jeder gehört zur Stadt dazu. Schwule und Lesben werden sich überall in Wellington wohlfühlen.

Seit 1986 findet einmal im Jahr Wellingtons **Pride Festival** der Homosexuellen statt. Mittlerweile zogen die Veranstalter wegen starken Zulaufs vom Stadtteil Newtown in die belebte City und integrierten dieses Gay-Festival in das Programm des Wellingtoner Summer City Festivals (s. S. 42).

› Die Wellington Gay and Lesbian Helpline ist So.–Mi. 19.30–21.30 Uhr erreichbar, Tel. 4737878.

In Wellington gibt es viele gute Strecken für Mountainbiker

- ❶ **143** [C6] **S&M's**, 176 Cuba Street, www.scottyandmals.co.nz. Laut der Insiderszene ist dies die beste Gaybar der Stadt. Auf zwei Stockwerken wird getanzt, Pool-Billard gespielt und an manchen Abenden Karaoke gesungen.
- ❶ **144** [C5] **Club Ivy**, 13 Dixon Street. Als Lounge-Bar und Tanzklub zugleich sorgt hier an Samstagen die „Dirty Dance"-Night für Unterhaltung. Unter der Woche finden Themenabende statt.
- 🏠 **145** [F6] **Wellington City Gaystay**, 17 Lawson Place, www.gaystay.co.nz/wcgaystay.htm. Die Besitzer des Bed & Breakfasts sind selbst schwul und bieten ihren Gästen eine zentrale, gemütliche Unterkunft, in der sich jeder zu Hause fühlt.
- 🏠 **146** [H5] **The Ivy**, 3 Palliser Road, Roseneath, www.theivy.co.nz. Die Villa mit zwei Gästezimmern ist romantisch und bietet eine fantastische Aussicht auf die Evans Bay. Trotz der ruhigen Lage ist die Selbstversorgerunterkunft in Laufnähe zum Zentrum.

Sicherheit

In Wellington kann man sich rundum sicher fühlen. Taschendiebe gibt es kaum. Wie überall kann es an Parkplätzen und Hauptattraktionen zu Autoaufbrüchen kommen. Deshalb wird empfohlen, Wertgegenstände, Taschen und Dokumente nicht im Auto zurückzulassen. In Backpacker-Unterkünften sollte man sich einer potenziellen Diebstahlgefahr bewusst sein. Wer die gängigen Vorsichtsmaßnahmen einhält, bekommt selten Probleme. Kriminalität beschränkt sich meist auf Rivalitäten zwischen den Gangs Black Power und Mongrel Mob, die eher in sozial schwächeren Vororten ansässig sind. Auch Rauschgifthandel und offene Prostitution sind unbekannt. Wenn es zu nächtlichen Übergriffen kommt, sind diese meist auf zu hohen Alkoholkonsum zurückzuführen. Deshalb wurde das Alkoholtrinken auf offener Straße im Zentrum verboten (s. S. 126). Die übliche Vorsicht ist wie in allen Städten vor allem zu später Stunde geboten. Dann sollte man sich nicht alleine in dunklen Seitengassen aufhalten.

KURZ & KNAPP: Erdbebengebiet Wellington

Neuseeland liegt auf dem **pazifischen Feuerring** und ist deshalb geologisch gesehen entsprechend aktiv. Wellington insbesondere vereint in seiner Region zwei große und mehrere kleine Bruchlinien, die Erdbeben auslösen können. Erst im Juli und August 2013 gab es Beben der Stärke 6,6 auf der Richterskala, welche einige ältere Gebäude in der Innenstadt beschädigten und zu vorübergehenden Schließungen von Bauwerken und Verstärkungsarbeiten führten.

Im Falle einer Naturkatastrophe ist es wichtig, schnell und richtig zu reagieren. Die Grundregel besagt: Weg von Fenstern und Schutz unter Türrahmen oder Tischen suchen. Ansonsten kniend auf den Boden kauern und mit den Armen hinter dem Nacken den Kopf schützen. In Außenbereichen gilt Vorsicht vor herunterhängenden Stromleitungen! Eine wichtige Faustregel besagt, dass man binnen 10 Minuten höher gelegene Areale entfernt vom Meer aufsuchen sollte, falls das Beben länger als eine Minute dauert oder so stark ist, dass man sich nicht auf den Beinen halten kann. Dann besteht die Gefahr eines Tsunami.

Sport und Erholung

Wellington ist durch seine Lage prädestiniert für das Ausüben von Wasseraktivitäten, die neben dem Nationalsport Rugby zu den beliebtesten Freizeitbeschäftigungen gehören. Ein Tag ohne sportliche Betätigung ist für viele Neuseeländer undenkbar. Es wird gerannt, geradelt und gepaddelt von Sonnenauf- bis Sonnenuntergang. Die sportverrückte Nation animiert auch Besucher, sich körperlich zu betätigen.

Schwimmen und Baden

Das Baden im Meer um Wellington ist nicht jedermanns Sache, denn mit 20 °C Höchsttemperatur im Sommer ist das Wasser immer noch recht kalt. Die Einheimischen sind abgehärtet und gehen sogar im Frühjahr schon baden. Zum Sonnen eignen sich die Strände der Region in jedem Fall und wer lieber im Schwimmbad seine Bahnen zieht, findet mit Sicherheit genügend Auswahl.

- ●147 [F5] **Oriental Beach,** Stadtstrand von Wellington, Rettungsschwimmer und Beachvolleyball an vielen Tagen in den Sommermonaten
- ●148 [ck] **Scorching Bay,** Tipp der Einwohner, Traumstrand mit Szenecafé, Spielplatz, Rettungsschwimmer in den Sommermonaten
- ●149 [fj] **Days Bay,** Badestrand für Familien im Vorort Eastbourne, Cafés und Restaurants, Kajakverleih
- S150 [F5] **Freyberg Pool,** 139 Oriental Parade, geöffnet: tägl. 6–21 Uhr, Tel. 8014530, 33 Meter langer beheizter Indoor-Pool, Spa-Pools, Sauna, Fitnessstudio
- S151 [bj] **Thorndon Pool,** 26 Murphy Street, Öffnungszeiten während der Sommersaison (Dez.–März) Mo.–Do. 6.30–20 Uhr, Fr. 6.30–19 Uhr, Sa./So. 7.30–19 Uhr, Tel. 4728055, 30 Meter langes beheiztes Freibadbecken, Spa-Pool
- S152 [bl] **Kilbirnie Pool,** 101 Kilbirnie Crescent, Tel. 3871491, geöffnet: Mo.–Do. 9–22 Uhr, Fr.–So. 9–21 Uhr, feiertags geschlossen. Schönes Hallenbad mit Kinderland und Schwimmbecken, Café integriert.

Kajakfahren

Ob mit oder ohne Einführungskurs, Kajakfahren ist nicht schwierig. Wenn die Wetterverhältnisse stimmen, macht es Spaß, das Wasser und die Buchten mit dem Kajak zu erkunden. Schwimmwesten sind Pflicht! Sämtliches Equipment kann zum Komplettpreis gemietet werden.

- › **Fergs Kayaks Wellington Harbour,** Shed 6, Queens Wharf, Sommeröffnungszeiten tägl. 9–18 Uhr, Tel. 4998898, www.fergskayaks.co.nz. Die Preise variieren je nach Kajakmodell, ein Einmannboot kostet $ 15–25 pro Stunde Mietzeit, ein Doppelkajak $ 30–40 pro Stunde (s. S. 119).
- S154 [fj] **Days Bay Boat Shed,** Marine Parade, Days Bay, Eastbourne, Tel.

EXTRATIPP: Be sun smart!

Schon in der Schule bekommen es die neuseeländischen Kinder eingetrichtert, sich vor der Sonne zu schützen. Die UV-Strahlung ist in Neuseeland durch das Ozonloch wesentlich stärker und verursacht nachweislich Hautkrebs. Um einen Sonnenstich und Sonnenbrand zu vermeiden, gehören eine Kopfbedeckung, wasserfeste Sonnencreme mit einem Schutzfaktor von +30 und ein Shirt zur Grundausstattung jeder Wasseraktivität!

5628150 oder 0275700108, Öffnungszeiten variieren je nach Wetter, Vorab-Anruf ist empfehlenswert. Eine Stunde Kajakverleih für ein Einmannkajak kostet $ 15, ein Zweierkajak bekommt man für $ 20 die Stunde.

Surfen

Es mag verrückt klingen, in der Stadt surfen zu gehen, aber in Wellington ist das tatsächlich möglich. Einige Freaks gehen frühmorgens noch vor der Arbeit Wellenreiten. Kurse für Anfänger und Fortgeschrittene sowie Ausrüstung werden gleich gegenüber dem Surfstrand in der Lyall Bay ⓭ angeboten. Die Wellen sind an den meisten Tagen auch für Anfänger gut geeignet. Die Wasserwacht ist im Sommer besetzt und das Maranui Café (s. S. 90) bietet eine schöne Aussicht und Stärkung. Eine Livekamera und die aktuelle Wetter- und Wellenvorhersage gibt es unter www.surf2surf.com/reports/wellington.

S155 [b1] **Realsurf,** Ecke Kingsford Smith & Lyall Bay Parade, Lyall Bay, Tel. 3878798 oder 0274980948, geöffnet: Mo.–Fr. 10–18 Uhr, Sa./So. 10–17 Uhr, www.realsurf.co.nz. Leihausrüstung pro Stunde: Surfboard $ 20, Neoprenanzug *(wetsuit)* $ 10, Neoprenschuhe *(booties)* $ 10

Segeln

Neuseeländer haben den Wassersport wahrlich im Blut. Egal ob Neuling oder Profi, wer im Urlaub das Segeln in Wellington ausprobieren möchte, ist bei der Crew der Sailing Academy bestens aufgehoben. Vorkenntnisse sind nicht erforderlich. Der einstündige Segelturn startet jeden Freitag, Samstag und Sonntag vom zentral gelegenen Royal Port Nicholson Yacht Club aus. Wind- und wetterfeste Ausrüstung ist im Preis inbegriffen, warme Kleidung und Sportschuhe genügen.

S156 [E5] **Sailing Academy,** 103 Oriental Parade, www.sailingacademy.org.nz, Tel. 9396702, Fr.–So. 10.30 und 14 Uhr, Tourpreis pro Person $ 40

Joggen und Rollerbladen

Obwohl Wellington recht hügelig ist, kann man doch an der Küste wunderbar joggen und rollerbladen. Neuseeländer lieben es, laufen zu gehen, zur Arbeit, in der Mittagspause und nach Feierabend. Manche Firmen haben sogar Duschen für die Mitarbeiter im Bürogebäude. Besonders empfehlenswert zum Joggen ist die Küstenlinie entlang der Waterfront ❶. Wer die Strecke lieber mit Rollerblades zurücklegt, kann die schwere Ausrüstung guten Gewissens zu Hause lassen, an der besten Rollerbladerstrecke gibt es einen guten Verleih:

053we Abb.: pwt/ Nick Servian

› **Fergs Kayaks Wellington Harbour,** Shed 6, Queens Wharf, Sommeröffnungszeiten tägl. 9 – 18 Uhr, Tel. 4998898, www.fergskayaks.co.nz. Eine Stunde Leihgebühr für K2- oder Salomon-Rollerblades kostet $ 15, für Neulinge werden auch Kurse angeboten (s. S. 119).

Wandern

Wer Wellington zu Fuß erkundet, kann alle Sinne sensibilisieren und sich auf Natur, Tierwelt und Landschaft einstimmen. Selbst die City hat unzählige mehrstündige Wanderrouten zu bieten, auf denen man die Küste, den Mount Victoria Park 33 oder den East Harbour Regional Park um Eastbourne 46 entdecken kann. Ob Northern, Southern, Eastern, Skyline oder City to Sea Walkway, die speziell angelegten Routen sind gut ausgebaut, beschildert und mit Laufzeitangaben versehen. Wanderschuhe sind kein Muss, aber auf den teilweise recht steilen Wegen die beste und sicherste Wahl. Geeignetes kostenloses Kartenmaterial gibt es im praktischen Taschenformat im i-Site (s. S. 108).

Sprache

In Neuseeland spricht man ein „**Kiwi-Englisch**". Viele der neuseeländischen Spezialausdrücke existieren in normalen Wörterbüchern nicht. Neuseeländer haben nun begonnen, ihre eigenen Wörterbücher, wie beispielsweise „The Godzone Dictionary" (Max Cryer, Exisle Publishing) in Kiwi-Englisch herauszugeben. Die wichtigsten Begriffe für den Touristenalltag stehen im Anhang (s. S. 132). In den Slang muss man sich erst einhören und darum bitten, dass langsam gesprochen wird.

Stadttouren

In Wellington gibt es zahlreiche selbstgeführte Touren durch die Stadt (s. S. 15). Wer die Sightseeingtour durch Wellington nicht in Eigenregie laufen will, kann alternativ auch eine Stadtrundfahrt im Shuttle oder eine Tour zu Fuß mit Guide buchen. Es werden Touren für Modefreunde, Rundgänge für Geschichtsinteressierte, Poesietouren, Filmtouren, Robbentrips, Rundgänge zu Statuen, Architekturführungen und Touren mit maritimem oder kulinarischem Fokus angeboten. Broschüren mit Anleitungen für selbstgeführte Touren sowie Auskünfte und Buchungsmöglichkeiten zu den Touren gibt es im i-Site (s. S. 108). Von dort aus starten auch viele der Touren.

› Rundtour durch Wellington City zu Fuß mit Guide: Walk Wellington, www.walkwellington.org.nz
› Stadttour Wellington: City Highlights mit Erkundung der Südküste (Red Rocks), Mount Victoria Lookout, Weta Caves, SCS Southcoastshuttles, www.southcoastshuttles.co.nz
› Geführte Tour für Design- und Modeinteressierte: Textile Art Walks Cuba Street, www.bodkinz.co.nz/escapes/textile-art-walk
› Filmtour zu Drehorten und ins Filmviertel: Wellington Rover Tours, www.wellingtonrover.co.nz
› Offroad-Abenteuer zu den Robben der Südküste bei den Red Rocks: Sealcoastsafaris, www.sealcoast.com

◁ *Gut angelegte Wege, hervorragende Beschilderung - Wandern ist im Großraum Wellington ein tolles Erlebnis*

- Gourmettour durch Wellington für Wein- und Kaffeefreunde: Zest Food Tours, www.zestfoodtours.co.nz
- Galerien, Künstlerateliers, Maorikultur, Architektur für Kunstfreunde: Wellington Arts & Culture Tours bei Flatearth, www.flatearth.co.nz

Vorwahlen
- für Deutschland: Tel. 0049
- für Österreich: Tel. 0043
- für die Schweiz: Tel. 0041
- für Neuseeland: Tel. 0064
- für Wellington: Tel. 04 (aus Neuseeland) bzw. Tel. 00644 (vom Ausland aus)

Telefonieren

Festnetz

Wer in Wellington international telefonieren möchte, benutzt am besten eine *phonecard* (Telefonkarte mit Guthaben). Die Telefonkarten kann man in vielen Convenience Stores, *dairies,* Hostels und Internetcafés kaufen. Die Preise der Anbieter variieren. Man wählt zunächst die Telefonnumer des Anbieters, gibt anschließend seine Kundennummer ein und eine automatische Ansage führt einen durch das Wahlverfahren.

Öffentliche Telefonzellen kann man auch mit gewöhnlichen Telefonkarten mit vorbezahltem Guthaben, Kreditkarte oder Münzen nutzen. Fast alle Tourismusunternehmen in Wellington bieten zudem gebührenfreie Servicenummern an, die mit 0800 beginnen.

Mobiltelefon

Meist lässt sich das eigene Mobiltelefon problemlos auch in Neuseeland nutzen. Allerdings können recht hohe Roaming-Gebühren anfallen. Die entsprechenden Kosten sollte man vor Abflug bei seinem Vertragspartner abfragen. Empfehlenswerte Alternative für alle Reisenden, die sich länger in Neuseeland aufhalten, ist der Kauf einer neuseeländischen Prepaid-SIM-Karte. Sofern das eigene Handy *(mobile)* SIM-Lock-frei ist (also keine Sperrung für andere Provider hat), kann die neuseeländische Karte eingelegt und einfach lostelefoniert werden. Allerdings sind die Gebühren für Gespräche mit dem Mobiltelefon in Neuseeland im Verhältnis zu deutschen Mobilfunkkosten höher und mit der neuseeländischen Karte hat man dann auch eine neue Rufnummer.

Anbieter von Prepaid-Karten:
- www.vodafone.co.nz
- www.telecom.co.nz
- www.2degreesmobile.co.nz

Uhrzeit

Bei Anrufen von Deutschland nach Neuseeland sollte man unbedingt die **Zeitverschiebung von 10–12 Stunden** berücksichtigen. Wellington ist Deutschland im europäischen Sommer (erste April- bis letzte Septemberwoche) 12 Stunden voraus, während der deutschen Winterzeit immerhin noch 10 Stunden. Dann ist es beispielsweise um 8 Uhr morgens in Neuseeland 20 Uhr.

Mitten im Geschäftsviertel steht das bestens ausgestattete InterContinental Hotel (s. S. 124)

Praktische Reisetipps
Unterkunft

Unterkunft

In Wellington gibt es viele verschiedene Übernachtungsmöglichkeiten, da ist für jeden Geldbeutel etwas dabei. Ob exklusiv mit Aussicht, im Gemeinschaftszimmer einer Jugendherberge, zentral inmitten des Geschäftsviertels oder direkt am Strand – an Auswahl und Kuriositäten mangelt es nicht. Eine günstige Alternative zum Hotel oder Motel sind Hostels und Backpackers.

Backpackers sind sogenannte Backpacker Hostels, die speziell auf Rucksacktouristen eingerichtet sind. **Für Selbstversorger** bietet sich die Anmietung von Ferienhäuschen und Apartments an. In einem **Bed & Breakfast** kommt man in engen Kontakt mit den Einheimischen und erhält so die besten Empfehlungen und aktuellsten Tipps zur Region.

Folgende Websites bieten eine guten Überblick zu Übernachtungsmöglichkeiten und Online-Buchung:
> www.wellingtonnz.com/Accommodation
> www.booking.com/Wellington
> www.wotif.com

054we Abb.: pwt

Preiskategorien

Die nachfolgenden Preiskategorien dienen als Anhaltspunkte für die Kosten pro Übernachtung im Doppelzimmer in der Sommersaison. Oftmals sind Zimmer in der Nebensaison von April bis Oktober deutlich günstiger.

$	78–120 $ (47–71 €)
$$	120–160 $ (71–94 €)
$$$	160–200 $ (94–118 €)
$$$$	über 200 $ (über 118 €)

Hotels und Motels

Nicht immer ist die Trennung zwischen Motel (Motorist's Hotel) und Hotel klar erkennbar, in Wellington gibt es beide Arten von Unterkünften. Normalerweise kann man bei einem Motel direkt vor dem Selbstversorgerzimmer parken. Die Gebäude sind typischerweise nur ein- oder zweistöckig, im Gegensatz zu Hotelkomplexen. Doch heute bieten auch unzählige Hotels Selbstversorgerzimmer an. Wer in Motel oder Hotel ein Studio oder eine Unit bucht, bekommt ein Selbstversorgerzimmer mit Küchenzeile und Kühlschrank.

Es lohnt sich immer, auf den Websites der Herbergen nach Sonderangeboten und Aktionen zu schauen.

158 [D5] **Museum Art Hotel Apartments** $$$$, 90 Cable Street, Tel. 8028900, 0800994335, www.museumhotel.co.nz. Zentral gelegen, mit Ausblick auf den Hafen, ein Boutique-Hotel mit kreativem Ambiente für Kunstfreunde.

159 [E5] **Copthorne Hotel Wellington Oriental Bay** $$$, 100 Oriental Parade, Oriental Bay, www.millenniumhotels.co.nz/copthorneorientalbay, Tel. 3850279. Tolle, ruhige, dennoch zentrale Lage, moderne Ausstattung, Sportlerparadies und kinderfreundlich mit Babysitterservice, Hochstuhl, Babybettchen und Kindermenü. Hier hat man sogar vom Indoor-Pool aus eine fantastische Aussicht.

160 [B3] **James Cook Hotel Grand Chancellor** $$$, 147 The Terrace, www.grandchancellorhotels.com/nz, Tel. 4999500, 0800275337. Hotel für Sportfreunde und Golfer, Fitnessraum und Spa-Bad, Restaurants und Bars, Komfort nahe dem Parlament.

161 [C3] **InterContinental Wellington** $$$$, 2 Grey St, www.intercontinental.com/wellington, Tel. 4722722. Internationales Hotel, modern und mitten im Einkaufsviertel nahe der Waterfront, Zimmer mit Ausblick, zwei Restaurants und Entspannung im Health Club mit Pool, Sauna, Jacuzzi und Fitnessraum.

162 [C5] **Amora Hotel Wellington** $$$, 170 Wakefield St, Tel. 4733900, 0800655555, www.wellington.amorahotels.com. Zentrale Lage, besonders nahe zum Konzertsaal des Michael Fowler Centre, Zimmer mit Ausblick, Grill-Restaurant. Das internationale Hotel ist modern und stilvoll ausgestattet.

163 [B5] **Abel Tasman Hotel** $$, 169 Willis St, Tel. 3851304, 0800843827, www.abeltasmanhotel.co.nz. Umgeben von Shops, Cafés, Restaurants und Bars, kaum eine Attraktion ist weiter als 10 Minuten zu Fuß entfernt. Qualitätsunterkunft zum fairen Preis.

164 [C4] **West Plaza Hotel** $$, 110–116 Wakefield St, Tel. 0800731444, www.westplaza.co.nz. Saubere Mittelklasseunterkunft nahe dem Vergnügungsviertel um den Courtenay Place **31**. Besonders für Rollstuhlfahrer geeignet.

165 [B7] **Capital View Motor Inn** $$, Ecke Webb und Thompson St, Tel. 3850515, 0800438505, www.capitalview.co.nz. 21 geräumige, gut ausgestattete Selbstversorgerapartments, toller Ausblick, persönlicher Service an der Rezeption, 2 Min. Fußweg ins Zentrum.

Hostels und Backpackers

166 [D5] **YHA Wellington City** $, Ecke Cambridge Terrace und Wakefield Street, Tel. 8017280, www.yha.co.nz. Vom Mehrbettzimmer bis zum Einzelzimmer mit eigenem Bad, saubere, zentrale und mehrfach ausgezeichnete Unterkunft zum kleinen Preis.

167 [D6] **Base Wellington Backpackers** $, 21–23 Cambridge Terrace, Tel. 8015666, www.stayatbase.com. Stilvolles Hostel in bester Lage, Bar, 24-Stunden-Rezeption und extra Bereich nur für weibliche Gäste, Auswahl zwischen 4- und 6-Bett-Zimmern und Doppelzimmern mit eigenem Bad.

168 [B4] **Trek Global** $, 9 O'Reily Ave., Tel. 4713480, www.trekglobal.net. Neues, modernes Backpackers mit freundlichem, persönlichem Service, 24-Stunden-Rezeption, Radverleih. Doppelzimmer, Familienzimmer und 4- bis 6-Bett-Zimmer stehen zur Auswahl, 2 Min. Fußweg ins Zentrum.

169 [D6] **Wellywood Backpackers** $, 58 Tory St, www.wellywoodbackpackers.co.nz, Tel. 3813899. Das unübersehbare „Zebra-Haus" liegt zentral, bietet Familien- und Einzelunterkunft im Ein- oder Mehrbettzimmer. Spa, kostenfreies Internet, Gemeinschaftsküche in sauberer, entspannter Atmosphäre.

170 [C4] **Nomads Capital** $, 118–120 Wakefield St, Tel. 0508 666237, www.nomadscapital.com. Beste Lage, stilvoll und modern eingerichtet, Mehrbett-Schlafräume, Familienzimmer, Doppelzimmer, eigene Bar und Café – eine komfortable Bleibe und zweite Heimat.

171 [B5] **Worldwide Backpackers** $, 291 The Terrace, Tel. 0508 888555, www.worldwidenz.co.nz. Das 100 Jahre alte Gebäude hat Stil und fühlt sich nach Zuhause an. Kleines Backpackers mit viel Charme, entspannter Atmosphäre und kostenlosem Frühstück.

Bed and Breakfast, Ferienwohnung

Grundsätzlich gilt, je länger man bleibt, um so günstiger wird der Tarif. Auch wenn für längere Aufenthalte keine Sonderpreise angegeben sind, die Nachfrage lohnt sich!

- 172 [B3] **Lambton Heights B&B** $$$$, 20 Talavera Terrace, Kelburn, Tel. 4724710, Boutique-B&B in zentraler, ruhiger Lage, modern, mit Sauna und luxuriösem Garten-Spa, persönlicher Touch und hervorragendes Frühstück – klein und exklusiv.
- 173 [H4] **10 The Crescent Guest House** $$$, 10 The Crescent, Roseneath, Tel. 9709811. Luxuriöses Selbstversorgergästehaus in einer Villa aus den 1930er-Jahren mit Blick auf den Hafen, exklusive Ausstattung, ruhige Lage nicht weit vom Zentrum.
- 174 [cl] **Acorns Seatoun Village** $$$, 97 Inglis St, Seatoun, Tel. 027 4452261, www.acorns.co.nz. Moderne, komfortable Selbstversorgerstudios mit Frühstück auf der Halbinsel Miramar, Wanderwege um die Ecke, Strandnähe, hilfsbereite und offenherzige Besitzer.
- 175 [C4] **City Bach** $$$, 8 A, 126 Wakefield St, Tel. 021 889014. Privates Ferienapartment inmitten der Stadt, zwei Schlafzimmer für bis zu 5 Pers., Breitband-Internet, Sky-TV, gut für Familien geeignet.
- 176 [bm] **Seafront Bach** $, 277 Queens Drive, Lyall Bay, Tel. 027 4373577. Typisches neuseeländisches *bach* (Ferienhäuschen) für 2 Pers., rustikal einfach, direkt am Bade- und Surfstrand, Busverbindung ins Zentrum, besonders für junge Urlauber mit knapper Urlaubskasse ideal.
- 177 [am] **The Lighthouse** $$$, 326 The Esplanade, Island Bay, Tel. 4724177, www.thelighthouse.net.nz. Hier kann man für einen Tag Leuchtturmwärter spielen. Diese außergewöhnliche Ferienwohnung für 2 Pers. beinhaltet Wohn- und Schlafzimmer, Küche und Bad, Frühstück inkl., Busanbindung ins Zentrum, 15 Min. Autofahrt in die City, Shops um die Ecke – romantische Übernachtung gegenüber dem Felsstrand mit fantastischer Aussicht.
- 178 [E7] **Booklovers B&B** $$, 123 Pirie St, Mt Victoria, Tel. 3842714, www.booklovers.co.nz. Die Gastgeberin ist neuseeländische Autorin, hier gibt es in jedem Raum Bücher, die Zimmer haben Autorennamen, Bücher auch zum Mitnehmen, Frühstück inkl., 5 Min. Fußweg zum Courtenay Place, kinderfreundlich – besondere Unterkunft für Bücherwürmer, Kultur- und Caféfreunde.

In diesem Leuchtturm im Stadtteil Island Bay kann man übernachten

Verhaltenstipps

Die Neuseeländer sind ein unglaublich toleranter, offener und hilfsbereiter Menschenschlag. Mit außergewöhnlicher Herzlichkeit empfangen sie fremde Menschen und sind immer mit Rat und Tat zur Stelle. Jeder wird mit dem Vornamen angesprochen. Wer sich anpassen und nicht negativ auffallen will, sollte diese Regeln beachten:

› Neuseeländer sind wesentlich prüder als Deutsche. Nacktbaden und „Ohne-ohne"-Sonnenbaden sind gänzlich verpönt. Selbst in der Sauna wird meist Badebekleidung getragen oder der Körper mit einem Handtuch verhüllt.
› Drängeln und Ungeduld sind für Kiwis untypisch. Ob beim Schlangestehen an der Bushaltestelle oder an der Supermarktkasse, deutsche Ellenbogenmentalität kommt weniger gut an.
› Wer ein Marae, ein Maori-Versammlungshaus, betritt, muss sich vorher die Schuhe ausziehen – auch im Museum!
› Ein Hongi ist der typische Nasenkuss, mit dem sich in der Maori-Kultur begrüßt wird. Dabei werden Nase und Stirn gleichzeitig sachte aneinander geführt, der Kopf leicht gesenkt, die Augen geschlossen und kurz innegehalten. Er steht für den sinnbildlichen Austausch des Lebensatems zweier Menschen.
› Die Benutzung von öffentlichen Toiletten ist ein Muss, Urinieren im Park oder am Straßenrand kann zu Geldstrafen führen.
› Im Zentrum von Wellington sowie in der Oriental Bay, in Newtown [bl] und im Mount Victoria Park ㉝ existiert eine sogenannte **liqueur-free zone**. Dies bedeutet, dass öffentlich auf der Straße kein Alkohol getrunken werden darf. Der Alkoholbann soll für mehr Sicherheit und weniger alkoholbedingte Vorfälle sorgen.

Verkehrsmittel

Bus und Zug

Wellington hat zwei wichtige Verkehrsknotenpunkte, die **Railway Station**, an der sämtliche Züge aus dem Umland eintreffen, und den **Courtenay Place** ㉛, an dem alle Buslinien zusammenlaufen. Fast alle Busse fahren durch die Innenstadt von der Railway Station bis zum Courtenay Place, sodass man bei müden Füßen jederzeit in den nächsten Bus einsteigen kann, um zu allen wichtigen Hauptsehenswürdigkeiten zu gelangen.

◁ *Auf einigen Busstrecken werden die umweltfreundlichen Trolleybusse eingesetzt, die über Oberleitungen mit dem Stromnetz verbunden sind*

Praktische Reisetipps
Verkehrsmittel

Öko-Transport mit Geschichte: Trolleybus

Die Trolleybusroute in Wellington ist fester Bestandteil des öffentlichen Verkehrsnetzes der City. Busse, die ohne Abgasgestank ähnlich wie Trams an Stromleitungen fahren, passen hervorragend zum grünen, sauberen Image Neuseelands. 70 % der Stromgewinnung des Landes erfolgt durch erneuerbare Energien. Wasser- und Windkraft sowie geothermische Energieerzeugung spielen eine große Rolle. In den 1970er-Jahren entschied sich das Land gegen Atomstrom.

Busse, die ohne fossile Brennstoffe operieren, sind in den letzten Jahren zum Vorzeigeobjekt der Landesmetropole geworden. Doch die Idee ist alt. Bereits 1924 wurden die ersten sogenannten Trolleybusse in Wellington eingesetzt. Ein zweites, weiter expandierendes Netzwerk der umweltfreundlichen Transportmittel wurde ab 1945 in Wellington etabliert und ersetzte nach und nach den Einsatz von Trambahnen. In der Hochphase der Busse an Stromleitungen zählte die Flotte stolze 119 Fahrzeuge und operierte auf einem Streckennetz von rund 50 Kilometern. 2007 wurde schließlich eine neue, modernere Generation an Trolleybussen in Betrieb genommen. Nun operieren 60 neue „Elektrobusse" in Wellington, welche Raum für mehr Passagiere bieten, komfortabler ausgestattet sind, tiefe Einstiegsplattformen vorweisen und zeitweise mithilfe von Batterien sogar ohne Anbindung an die Oberleitung fahren können.

Das Bus- und Eisenbahnnetz wird von der Stadt betrieben. Die Stadtbusse heißen „Go Wellington", die „Hutt Valley Flyer" sind die Busse, welche die nördlichen Vororte an die Hauptstadt anbinden. Der **Airport Flyer** ist die schnellste und komfortabelste Buslinie im gesamten System. Dieser orangefarbene Bus stoppt nur an wenigen Haltestellen. Er fährt vom nördlichen Umland durch die Innenstadt zum Flughafen. Hier gibt es sogar eine kostenlose Internetverbindung im Fahrzeug.

Tranz Metro bedient die Nahverkehrszüge aus der nördlichen Wairarapa-Region, dem Hutt Valley und den nordwestlichen Vororten wie Porirua oder von der Kapiti Coast in die Landeshauptstadt. Einen Gesamtüberblick aller Bus- und Zugverbindungen, Informationen zu Fahrplan und Tarifen erhält man auf der Internetseite des Netzwerks „Metlink", in dem sich die öffentlichen Nahverkehrsmittel der Stadt zusammengeschlossen haben.

Es gibt auch eine spezielle **App für Smartphones,** die Echtzeitinformationen zu Ankunfts- und Abfahrtszeiten liefert. Zudem halten viele Hotels und das i-Site (s. S. 108) gedruckte, kostenlose Fahrpläne im praktischen Taschenformat bereit.

› www.metlink.org.nz, Metlink Hotline 0800801700, Mo.-Sa. 7-21 Uhr, So. 8-20 Uhr

●**179** [D2] **Railway Station,** Bunny Street

Fahrkarten

Die Preise für Bus und Bahn variieren je nach Wegstrecke und Beförderungsmittel. Die entsprechenden Tarife werden bei der Routensuche im

Praktische Reisetipps
Verkehrsmittel

Fahrplan auf der Website von metlink gleich mit angezeigt.

› **Busse:** Bezahlt wird beim Einsteigen mit Bargeld beim Busfahrer. Ein Anhalten der gewünschten Buslinie per Handzeichen von der Haltestelle aus ist angebracht, vor allem wenn man sich nicht direkt im Zentrum befindet, wo der Bus ohnehin hält.

Ein Ticket für die einfache Fahrt vom Courtenay Place ❹ bis zu den Weta Caves ❹ nach Miramar mit der Buslinie 2 kostet beispielsweise $5 für Erwachsene. Meist sind das Lösen von einem Hin- und Rückfahrticket *(return ticket)* sowie Tagespässe *(Day Tripper Passes)* günstiger als Einzelfahrkarten. Wer aus dem Bus aussteigt, sollte sich der heimischen Sitte anpassen und „*Thank you, driver!*" rufen. Einige Attraktionen, die außerhalb des Zentrums liegen, wie beispielsweise Zealandia ❷ bieten sogar einen kostenlosen Shuttle-Service an.

› **Bahn:** Für die Fahrt mit dem Zug können die Tickets in den Fahrtkartenbüros der Bahnhöfe, in kleinen Geschäften oder Lotteriestellen erworben werden. Am einfachsten ist die Entrichtung des Fahrgeldes beim Kontrolleur, wenn er durch den Zug läuft. Kleingeld ist angebracht.

❶**180** [D1] **Ticket Office Wellington Railway Station**, Mo.–Do. 6.30–20 Uhr, Fr. 6.30–1.15 Uhr, Sa. 7.45–1.15 Uhr, So. 6.30–19.10 Uhr

Taxis

Für kurze Wegstrecken in den späten Abendstunden ist die bequemste Art der Fortbewegung ein Taxi. Die Busse fahren, je nach Wochentag, etwa bis Mitternacht, ab 20 Uhr in die äußeren Stadtteile jedoch nur noch stündlich. Preise für Taxis sind günstiger als in Deutschland und in vielen Fahrzeugen kann mittlerweile mit Kreditkarte bezahlt werden. Viele Fahrzeuge fahren umweltfreundlich mit Hybridmotoren. Es gibt zwei große Taxiunternehmen in Wellington Stadt.

› **Wellington Combined Taxis Ltd.**, www.taxis.co.nz, Tel. 3844444
› **GreenCabs**, www.greencabs.co.nz, Tel. 0508 447336
› Wer sichergehen will, dass er keine überhöhten Taxikosten bezahlt, kann die ungefähren Fahrtkosten vorher online errechnen: www.taxiautofare.com

Fährverkehr

Was wäre eine Stadt am Meer ohne Fähre. Die **East by West Ferry** ist nicht nur ein attraktives Fortbewegungsmittel, sondern meist sogar schneller als der Bus. Dreh- und Angelpunkt für Fahrten vom Zentrum ist die **Queens Wharf** [C3] an der Waterfront ❶. Von hier aus legen die Boote regelmäßig nach Seatoun ❸, Petone ❺, Days Bay ❻ und Somes Island ❼ ab. Fahrpläne hängen an der Anlegestelle aus, liegen im i-Site (s. S. 108) bereit und können im Internet nachgesehen werden. Bei extremen Wetterverhältnissen kann die Fähre allerdings ausfallen.

Die **Tickets** werden entweder im Hafenbüro gelöst oder einfach auf der Fähre per Bargeld oder Kreditkarte beim Personal bezahlt. Einfache Fahrten über die Bucht kosten für Erwachsene $11, für Studenten, $9 und Kinder (3–15 J.) zahlen $6. Das Lösen einer Hin- und Rückfahrt ist grundsätzlich möglich, führt aber nur bei Familienkarten zu einer Preisvergünstigung. Dieses Familienticket wird nur mit Hin- und Rücktransport angeboten und kostet für zwei Erwachsene und bis zu vier Kinder $60.

●**181** [C3] **East by West Ferries**, Queens Wharf 1, Tel. 4991282, http://eastbywest.co.nz

Versicherungen

Auslandskrankenversicherung

In Neuseeland greift bei Unfällen die **staatliche Unfallversicherung ACC**, Accident Compensation Cooperation. Der Schutz gilt auch für Touristen, die nach einem Unfall behandelt werden müssen. Allerdings empfiehlt sich zusätzlich immer der Abschluss einer Auslandskrankenversicherung. Beispielsweise der Rücktransport in die Heimat und gegebenenfalls eine Weiterbehandlung in Deutschland müssen sonst selbst getragen werden! Und Erkrankungen wie eine Grippe oder plötzliche Blinddarmentzündung sind keine Unfälle und müssen deshalb vom Touristen direkt nach der Behandlung im neuseeländischen Krankenhaus oder beim Arzt bezahlt werden.

Die Südküste Wellingtons ist oft starken Winden ausgesetzt

Wetter und Reisezeit

Neuseeland befindet sich auf der Südhalbkugel, die **Jahreszeiten liegen genau entgegengesetzt** zu denen in Europa. Im deutschen Frühjahr ist Down Under Herbst, in unserem Sommer ist bei den Neuseeländern Winter. Ganz anders als in Deutschland wechselt das Wetter in Wellington wahrlich von Minute zu Minute. Das neuseeländische Sprichwort „Four seasons in one day" („Vier Jahreszeiten an einem Tag") bewahrheitet sich nur allzu oft, sodass man mit verschiedenen Kleidungsschichten ausgestattet am besten zurechtkommt. Wellington liegt im starken Einflussgebiet der Tasmanischen See, weshalb es an den meisten Tagen windiger ist als an anderen Orten des Landes. Nordwinde bedeuten eine warme Brise, Südwinde kommen direkt aus der Antarktis und sind überwiegend kühl.

Die schönste Jahreszeit, um Wellington zu entdecken, sind die **Som-**

Praktische Reisetipps
Wetter und Reisezeit

mermonate von Dezember bis Februar. Dann herrschen Tagestemperaturen zwischen 19 und 24 °C. Doch die neuseeländische Sonne ist wesentlich intensiver, die gefühlte Temperatur liegt dann bei rund 30 °C. Zu warm wird es in der Hauptstadt Neuseelands selten, denn ein leichter bis starker Wind an der Küste kühlt angenehm ab. Im Sommer spielt sich das Leben in Wellington auf der Straße ab. Viele Cafés bieten Außentische oder Innenhöfe mit Sitzgelegenheit, Straßenkünstler und Musiker bevölkern die Fußgängerzone. Der Stadtstrand lädt zum Abkühlen heiß gelaufener Füße ein und ein Outdoorevent jagt das nächste. Wasserenthusiasten kommen dann gänzlich auf ihre Kosten, denn jetzt ist die Temperatur des Meeres mit 18 bis 20 °C am wärmsten. Um die Weihnachtszeit stehen die neuseeländischen Pohutukawa-Bäume in voller Blütenpracht, ein rot-grünes Farbenspiel in City und Umland. Während der Hauptreisezeit im Sommer verlangen jedoch einige Unterkünfte auch höhere Preise.

Wer eine alternative Reisezeit sucht, sollte Wellington im **Herbst** besuchen. Von März bis Mai zeigt sich die Stadt von ihrer goldenen Seite. Das Wetter kann zwar wechselhafter sein, doch bei Temperaturen von 14 bis 19 °C macht ein Bummel durch die Stadt genauso viel Spaß. Der Alltag hat die Metropole dann fest im Griff, der Strom an Touristen ist abgeebbt. Wunderschöne Lichtsituationen sind ein Highlight für jeden Hobbyfotografen.

Auch im **Winter** ist Wellington nicht trist und karg. Immergrüne Hartlaubgewächse und der durch den Wind oft schnelle Wechsel von Sonne und Wolken bietet immer wieder Gelegenheit, mit entsprechender Kleidung ausgerüstet nach draußen zu gehen. Im Gegensatz zu Deutschland gibt es hier sommerlich warme Tage mitten in der kalten Jahreszeit. Mit einer durchschnittlichen Sonnenscheindauer von jährlich 2000 Stunden liegt Wellington im Vergleich zu Hamburg mit knapp 1500 Sonnenscheinstunden jährlich gar nicht schlecht. Die Temperaturen betragen dann durchschnittlich bei 10 bis 14 °C.

Wer am Flugpreis und der Unterkunft deutlich sparen möchte, sollte sich das **Frühjahr** von September bis November für seine Reise aussuchen. Viele Gärten und Parks stehen dann in voller Blüte, Wellington erwacht erneut zum Leben. Mit durchschnittlich 14 bis 17 °C haben viele Außenattraktionen im Hafenbecken an den Wochenenden wieder geöffnet.

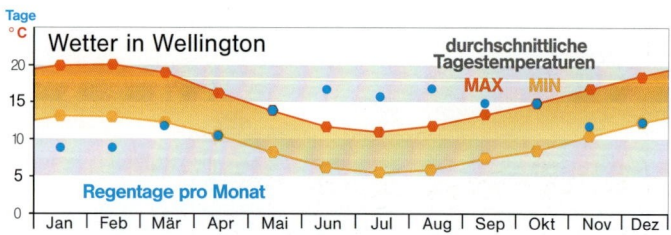

Anhang

Kleine Sprachhilfe Kiwi-Slang

a couple of days	zwei Tage
ANZAC	Australian New Zealand Army Corps
Aussie	Australier
baby capsule	Babyschale für das Auto
bach	Ferienhaus
BBQ, barbie	Grillen, Grill
beanie	Mütze
bickie	Keks
bloke	Mann
brolly	Regenschirm
BYO – Bring your own	Lokale, in denen man alkoholische Getränke mitbringen kann
CBD – Central business district	Innenstadt
Cheers!	Danke!
chippies/chips	Pommes frites
corkage fee	Korkgeld (für mitgebrachte Getränke)
cuppa	eine Tasse
dairy	Tante-Emma-Laden
decaf	entkoffeiniert
DIY – Do it yourself	selber machen
G'day/Gidday!	Guten Tag!
Godzone	Neuseeland
good as gold	wunderbar, einverstanden
Hokey Pokey	beliebte neuseeländische Eissorte – Vanilleeis mit Karamellstückchen
jandals	Flipflops
Kiwi	Neuseeländer
OE – overseas experience	Auslandsaufenthalt
lollies	Süßigkeiten
loo	Toilette
mate	Kumpel
mince	Hackfleisch
No worries!	Keine Ursache, gern geschehen!
pav(lova)	traditioneller Baiser-Kuchen mit Früchten
peoplemover	Van/Transporter
pie	deftiges Blätterteiggebäck mit Füllung
sammie	Abkürzung für „Sandwich", belegtes Brot
savory	deftig/salzig gebacken
scone	süßes oder deftiges Gebäck
stew	Gulasch
sunnies	Sonnenbrille
sweet as	alles klar/wunderbar
ta	Danke
tea	Abendessen
togs	Badebekleidung
trim	Halbfettmilch

Anhang
Register

Register

A
Academy of Fine Arts 38
Adam Art Gallery 38
Adrenalin Forest 114
After Hours Medical
 Centre 111
Airport Flyer 101
An- und Rückreise 100
Aotearoa 64
Apotheken 112
Apps 140
Art Deco Heritage Trail 40
Arts Trail 40
Ärzte 111
Auslandskranken-
 versicherung 129
Aussichtsplattform 83
Automuseum 98

B
Backpackers 124
Baden 119
Barrierefreies Reisen 103
Bars 31
Bed and Breakfast 125
Beehive (Bienenkorb) 69
Benutzungshinweise 5
Bienenkorb 69
Bluebridge 103
Botanic Gardens 74
Botschaften 103
Bucket Fountain 77
Bus 102, 126
BYO 29

C
Cable Car 72
Cable Car Museum 36
Cafés 24, 28
Capital E 114
Carillon 78
Carter Observatory 74
Carterton 95
Cenotaph Statue 70
Central Business District
 (CBD) 47
Citizens' War
 Memorial 70
City Gallery 66
City to Sea Bridge 65
Civic Square 66
Colonial Cottage
 Museum 37
Convenience Stores 21
Cook Strait 46
Courtenay Place 81
Cuba Street 77

D
Days Bay 92
Designer-Label 17
Diplomatische
 Vertretungen 103
Dollar 106

E
Eastbourne 91
Eastbourne Coastal
 Walk 93
Eastbourne Wharf 92
East by West Ferries 128
East Harbour Regional
 Park 93
Einfuhrbestimmungen 105
Einkaufen 15
Ein- und Ausreise-
 bestimmungen 104
Eiscafés 31
Elektrizität 105
Embassy Theatre 81
Enormous Crocodile
 Rikschas 114
Erdbeben 118
Erholung 119
Essen und Trinken 23
Events 42

F
Fähre von der
 Südinsel 102
Fahrkarten 127
Fahrradverleih-
 stationen 117
Fährverkehr 128
Feiertage 44
Ferienwohnung 125
Fern Ball 66
Festivals 42
Filmfans 57
Filmlocations 58
Filmszene 53
Filmtouren 58
Filmviertel Miramar 84
Flughafen 101
Flugverbindungen 100
Foodcourts 24
Foto 105
Frank Kitts Park 41
Fundbüro 115

G
Galerien 21, 38
Gastronomie 23
Geldfragen 106
Geschäftsviertel 67
Geschichte 48
Gewichte 111
Glockenspiel 78
Grab des Unbekannten
 Soldaten 78
Greenstone 20
Greytown 96

H
Hafeninseln 47
Halbinsel Miramar 84
Handy 122
Heritage Trail 15
Hostels 124
Hotels 123

I, J
Informationsquellen 108
Inseln 47
InterCity Coachlines 102
Interislander 102
Internet 108, 110
Internetcafés 110
i-Site Visitor Centre 108
Jackson, Sir Peter 55
Joggen 120
Jungleramas 114

Anhang
Register

K
Kaffee 25
Kajakfahren 119
Kapiti Coast 97
Kapiti Coast Electric
  Tramway 98
Kapiti Island 97
Kapiti Miniature Railway 98
Kartenverlust 115
Kartenservice 108
Kartensperrnummer 115
Katherine Mansfield
  Birthplace 37
Kaufhäuser 16
Kauribäume 20
Kelburn 72
Kinder 112
Konfektionsgrößen 17
Konzerte 34
Krankenhäuser 111
Kunstgalerien 38
Künstler, lokale 21
Kunst unter freiem
  Himmel 39
Kupe Statue 63

L
Lambton Quay 71
Lesben 117
liqueur-free zone 126
Liquor Stores 19
Literaturtipps 109
Lokale 25
Lyall Bay 89
Lye, Len 64

M
Manuka-Honig 20
Maritime Heritage Trail 15
Martinborough 95
Maße 111
Matchitt, Paratene 65
Medical Centre 111
Medizinische
  Versorgung 111
Menschen mit
  Behinderungen 103

Miniatureisenbahn Kapiti
  Miniature Railway 98
Miramar 84
Mobiltelefon 122
Motels 123
Mount Victoria 82
Mount Victoria Lookout 83
Mount Victoria Park 58, 82
Museen 36
Museum of Wellington
  City & Sea 65

N
Nachtleben 33
Nakedbus 102
National Tattoo Museum
  of New Zealand 37
National War Memorial
  und Carillon 78
Neuseeland-Dollar 106
Neuseeländisch 121
neuseeländische
  Produkte 20
New Zealand Dominion
  Museums Building 79
New Zealand Film
  Archive 79
New Zealand Portrait
  Gallery 38
Northern Explorer 102
Notfälle 115
Notruf 115

O
Öffnungszeiten 116
Old Bank Arcade 67
Old Government
  Buildings 67
Old Parliament Buildings
  and Library 68
Old St Paul's Church 70
Oriental Bay 41
Outdoorausrüstung 17

P
Pacific Rim 23
Paddy the Wanderer 39

Pākehā 64
Park Road Post
  Production 85
Parlamentsbücherei 68
Parlamentsgebäude 68
Parlamentspark 70
Patte, Max 62
Paua-Shell 20
Pencarrow Lighthouse 93
Petone 91
Pipitea 49
Pirates Cove Adventure
  Minigolf 115
Planetarium 74
Plimmer, John 71
Plimmer's Ark 67, 72
Plimmerton Statue 71
Post 116
Pubs 31

Q
Queens Wharf 128
Queen Victoria Statue 79

R
Radfahren 116
Rauchen 24
Red Rocks 13
Regierungs- und
  Geschäftsviertel 67
Reisezeit 129
Restaurants 26
Rikschas 114
Robben 13
Rollerbladen 120
Roxy Cinema 84
Rundgang 8

S
Schwimmen 119
Schwule 117
Scorching Bay 88
Sculpture Walk 40
Secondhandläden 18
Segeln 120
Settlers Museum 91
Shelly Bay 88

Anhang
Register

Shopping 15
Sicherheit 118
Solace in the Wind 62
Somes Island 94
Sonnenschutz 119
Southward Car Museum 98
Souvenirs 19
Spaziergänge,
 thematische 15
Spence, Sir Basil 69
Spermotruf 115
Spielplätze 114
Spirituosen 19
Sport 119
Sprache 121
Springbrunnen 77
Stadtspaziergang 8
Stadttouren 121
Staglands Wildlife
 Reserve 115
St Gerard's Church and
 Monastery 83
St Mary of the Angels
 Church 76
Stone Street Studios 84
Supermärkte 19
Surfen 120
Surf & Skate, Shops 18
Surfstrand 89

T
Take-aways 24
Taranaki Wharf 63
Taxis 128
Te Aro 76
Telefonieren 122
Te Papa Tongarewa
 National Museum 61
Te Raukura 62
Te Reo Maori 64
Theater 34
Thorndon 60
Touristeninformation 108
Trails 15
Tretbootfahren 114
Trinkgeld 24
Tripod Statue 80
Trolleybus 127

U
Uhrzeit 122
Unterkunft 123

V
Veranstaltungen 42
Vergnügungsviertel 76
Verhaltenstipps 126
Verkehrsmittel 126
Versicherungen 129
Victoria University 72
vier Viertel 72
Visum 104
Vorwahlen 122

W
Währung 106
waka 64
Walks 15
Wandern 121
Warenhäuser 16
Waterfront 60
Water Whirler 64
Weingegend Wairarapa 95
Weinproben 96
Wellington City Pass 107
Wellington Harbour 46
Wellington Zoo 112
Wellywood 53
Weta Caves 87
Weta Workshop 86
Wetter 129
WiFi 110
Wildlifepark Nga Manu
 Nature Reserve 98
Willis Street 72
Window into Workshop 57
Wind Walk 40
WLAN 28
Writer's Walk 15

Z
Zealandia 75
Zeitungen und
 Zeitschriften 108
Zeitverschiebung 122
Zollformalitäten 105
Zug 102, 126

Anhang

Die Autorin

Die Autorin

Anja Schönborn, geb. 1977, ist ausgebildete Print- und TV-Journalistin und arbeitete viele Jahre bei diversen Fernsehsendern im Großraum München. Mit ihrem Umzug nach Neuseeland 2006 spezialisierte sie sich auf den Themenschwerpunkt Aotearoa – Film, Tourismus, Natur und Maori-Kultur. Neuseeland ist Anja Schönborns große Leidenschaft, auch heute noch nutzt die Autorin jede Gelegenheit, um mit ihrer Familie durch Neuseeland zu reisen. Sie lebt mit ihrem Mann und drei Töchtern in Wellington am Meer, betreibt ihre eigene Medienproduktion und genießt den Kiwi-Lifestyle.

Schreiben Sie uns

Dieser CityTrip-Band ist gespickt mit Adressen, Preisen, Tipps und Infos. Nur vor Ort kann überprüft werden, was noch stimmt, was sich verändert hat, ob Preise gestiegen oder gefallen sind, ob ein Hotel, ein Restaurant immer noch empfehlenswert ist oder nicht mehr usw. Unsere Autoren sind zwar stetig unterwegs und erstellen alle zwei Jahre eine komplette Aktualisierung, aber auf die Mithilfe von Reisenden können sie nicht verzichten.

Darum: Schreiben Sie uns, was sich geändert hat, was besser sein könnte, was gestrichen bzw. ergänzt werden soll. Wenn sich die Infos direkt auf das Buch beziehen, würde die Seitenangabe uns die Arbeit sehr erleichtern. Gut verwertbare Informationen belohnt der Verlag mit einem Sprechführer Ihrer Wahl aus der über 220 Bände umfassenden Reihe „Kauderwelsch".

Bitte schreiben Sie an:
Reise Know-How Verlag Peter Rump GmbH, Postfach 140666, D-33626 Bielefeld, oder per E-Mail an: info@reise-know-how.de

Danke!

Bildnachweis

Die Kürzel an den Abbildungen stehen für folgende Fotografen, Firmen und Einrichtungen. Wir bedanken uns für die freundliche Abdruckgenehmigung.

Cover	Positively Wellington Tourism/Dillon Anderson
as und Seite 2	Anja Schönborn (Autorin)
bs	Bruce Stokell
pwt	Positively Wellington Tourism
sw	Schubert Wines Ltd.

Weiterer Titel für die Region von REISE KNOW-HOW

Foto: Stephan Kolle. Neuseeland Outdoor-Handbuch.

Neuseeland Outdoor-Handbuch

Alexandra Albert
Peter Albert

978-3-8317-2029-3
324 Seiten | 19,50 Euro [D]
29 detaillierte Landkarten und Pläne

Alle wesentlichen Informationen über Outdoor-Aktivitäten –
für Einsteiger und Fortgeschrittene
Tipps zur Vorbereitung und Organisation der Reise
Fundierte Beschreibung der Möglichkeiten für Outdoor-Sportler
50 Outdoor-Touren mit Übersichtskarten | Sicherheitshinweise
Hintergrundinformationen zum Natur- und Umweltschutz
Viele ansprechende Fotos

www.reise-know-how.de

Weitere Titel für die Region

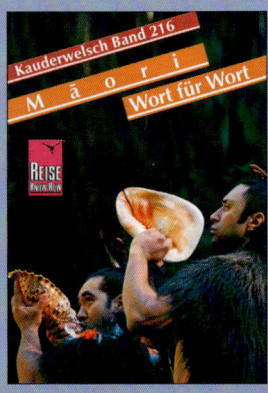 

Maori für Neuseeland
Wort für Wort
Haupai Puke, Ray Harlow
978-3-89416-325-9
160 Seiten | Band 216
Umschlagklappen mit Aussprachehilfen und wichtigen Redewendungen, Wörterlisten
Maori – Deutsch, Deutsch – Maori
7,90 Euro [D]

AusspracheTrainer Maori
Haupai Puke, Ray Harlow
978-3-8317-6253-8
Ca. 60 Min. Laufzeit
Die wichtigsten Vokabeln und Floskeln Maori aus dem Reisealltag, Muttersprachler sprechen vor, mit Nachsprechpausen und Kontrollwiederholungen
7,90 Euro [D]

Im Kauderwelsch Sprachführer sind Grammatik und Aussprache einfach und schnell erklärt. Wort-für-Wort-Übersetzungen machen die Sprachstruktur verständlich und helfen, das Sprachsystem kennenzulernen. Die Kapitel sind nach Themen geordnet, um sich in verschiedenen Situationen zurechtfinden und verständigen zu können – vom ersten Gespräch bis zum Arztbesuch. In einer Wörterliste sind die wichtigsten Vokabeln alphabetisch einsortiert und ermöglichen so ein rasches Nachschlagen. Einige landeskundliche Hinweise runden diesen handlichen Sprachführer ab.

www.reise-know-how.de

von REISE KNOW-HOW

Neuseeland Reisen und Jobben

Johanna Kommer, Andrea Buchspieß

978-3-8317-2476-5
180 Seiten | **9,90 Euro [D]**

Australien Reisen und Jobben

Andrea Buchspieß

978-3-8317-2277-8
180 Seiten | **9,90 Euro [D]**

Ausführliche und praxisnahe Erklärungen zur Planung,
Organisation und Durchführung des Auslandsaufenthaltes
Exkurse zu Land und Leuten
Informationen zu Unterkünften und Verkehrsmitteln
Tipps zum Einleben und Geld verdienen
Zahlreiche Fotos und Übersichtskarten

www.reise-know-how.de

Wellington mit PC, Smartphone & Co.

QR-Code auf dem Umschlag scannen oder
http://ct-wellington.reise-know-how.de
eingeben und den kostenlosen
CityTrip-Onlineservice aufrufen!

★ **Anzeige der Lage und Luftbildansichten aller** beschriebenen Sehenswürdigkeiten und touristisch wichtigen Orte
★ **Routenführung** vom aktuellen Standort zum gewünschten Ziel
★ **Exakter Verlauf** des empfohlenen Stadtspaziergangs
★ **Audiotrainer** der wichtigsten Wörter und Redewendungen

Weitere **kostenlose Downloads** auf www.reise-know-how.de auf der Produktseite dieses Titels unter „Datenservice":
★ **Faltplan als PDF mit Geodaten:** Nach dem Speichern auch mobil nutzbar auf allen Geräten mit PDF-Reader. Für Smartphones/iPad empfiehlt sich die App „PDF Maps" von Avenza™ mit einer breiten Funktionspalette.
★ **GPS-Daten aller Ortsmarken:** einfacher Import in GPS-Geräte, Navis und Geosoftware auf PCs und mobilen Geräten.

ct-wellington.reise-know-how.de

Unsere App-Empfehlungen zu Wellington

❯ **Transittimes+:** Praktische App für die öffentlichen Verkehrsmittel mit Echtzeit-Abfahrtszeitanzeige, per GPS kann die nächstgelegene Bushaltestelle gefunden werden und der Fahrplan wird mit angezeigt, http://transittimesapp.com (iOS $ 2,99, Android $ 2,39).
❯ **Welly Walks:** Diese kostenlose App der Tourismusbehörde ist für Wanderfreunde gedacht. Beschrieben und per GPS angezeigt werden sämtliche Wanderrouten der Hauptstadt (kostenlos für iOS).
❯ **TheInsider:** Gastronomiedeals und Specials in Wellington auf Knopfdruck. Diese App zeigt aktuelle Angebote, Happy Hours und Rabatte rund um die Restaurant- und Cafészene Wellingtons, www.theinsiderapp.co.nz (kostenlos für iOS).
❯ **The 1846 War in Wellington:** Dieser kostenlose Guide des Kulturministeriums zeigt viele geschichtsträchtige Orte in und um Wellington und erläutert die Historie der Region, den Einfluss von Maori und Pakeha sowie interessante Fakten und Fotos. Diese App kann sogar in deutscher Sprache genutzt werden (kostenlos für Android).

Liste der Karteneinträge

- ❶ [D4] Waterfront S. 60
- ❷ [D5] Te Papa Tongarewa National Museum S. 61
- ❸ [D4] Solace in the Wind S. 62
- ❹ [D4] Te Raukura S. 62
- ❺ [D4] Kupe Statue S. 63
- ❻ [D3] Water Whirler S. 64
- ❼ [C3] Museum of Wellington City & Sea S. 65
- ❽ [C4] City to Sea Bridge S. 65
- ❾ [C4] Civic Square S. 66
- ❿ [C4] City Gallery S. 66
- ⓫ [C3] Old Bank Arcade S. 67
- ⓬ [C2] Old Government Buildings S. 67
- ⓭ [C1] Old Parliament Buildings and Library S. 68
- ⓮ [C1] Beehive (Bienenkorb) S. 69
- ⓯ [C1] Cenotaph Statue S. 70
- ⓰ [D1] Old St Paul's Church S. 70
- ⓱ [C2] Lambton Quay S. 71
- ⓲ [C3] Plimmerton Statue S. 71
- ⓳ [C4] Willis Street S. 72
- ⓴ [A3] Cable Car S. 72
- ㉑ [A3] Botanic Gardens S. 74
- ㉒ [A3] Carter Observatory (Planetarium) S. 74
- ㉓ [ak] Zealandia S. 75
- ㉔ [B4] St Mary of the Angels Church S. 76
- ㉕ [C5] Cuba Street S. 77
- ㉖ [C7] National War Memorial und Carillon S. 78
- ㉗ [C7] New Zealand Dominion Museums Building S. 79
- ㉘ [C6] New Zealand Film Archive S. 79
- ㉙ [D6] Queen Victoria Statue S. 79
- ㉚ [D6] Tripod Statue S. 80
- ㉛ [D6] Courtenay Place S. 81
- ㉜ [E6] Embassy Theatre S. 81
- ㉝ [F6] Mount Victoria Park S. 82
- ㉞ [F5] St Gerard's Church and Monastery S. 83
- ㉟ [G6] Mount Victoria Lookout S. 83
- ㊱ [cl] Stone Street Studios S. 84
- ㊲ [cl] Roxy Cinema S. 84
- ㊳ [cl] Park Road Post Production S. 85
- ㊴ [ck] Weta Workshop S. 86
- ㊵ [ck] Weta Caves S. 87
- ㊶ [ck] Shelly Bay S. 88
- ㊷ [ck] Scorching Bay S. 88
- ㊸ [cl] Seatoun S. 88
- ㊹ [bm] Lyall Bay S. 89
- ㊺ [eh] Petone S. 91
- ㊻ [fk] Eastbourne S. 91
- ㊼ [di] Somes Island S. 94
- ㊽ [Faltplan] Weingegend Wairarapa S. 95
- ㊾ [Faltplan] Kapiti Coast S. 97

- 🛍1 [C5] Farmers S. 16
- 🛍2 [C2] Kirkcaldie & Stains S. 16
- 🛍3 [D6] Warehouse S. 16
- 🛍4 [C5] Area 51 S. 17
- 🛍5 [C4] Karen Walker S. 17
- 🛍6 [C3] Zambesi S. 17
- 🛍7 [C4] Bivouac Outdoor S. 17
- 🛍8 [C4] Kathmandu S. 18
- 🛍9 [C4] MacPac S. 18
- 🛍10 [C3] Amazon S. 18
- 🛍11 [C5] CheapSkate S. 18
- 🛍12 [C5] Surf 'n' Snow S. 18
- 🛍13 [C6] Eva's Attic S. 18
- 🛍14 [C6] Paper Bag Princess S. 18
- 🛍15 [C6] Recycle Boutique S. 18
- 🛍16 [C5] Abstract Designs S. 19
- 🛍17 [bk] Sheepskin Warehouse S. 19
- 🛍18 [cl] Souvenir Factory Shop S. 19
- 🎨19 [ck] Blackmore & Best Gallery S. 21
- 🎨20 [am] Michael McCormack Studio Gallery S. 21
- 🎨21 [C5] Suite Gallery S. 21
- 🛍22 [E5] New World Supermarket S. 19
- 🛍23 [D6] Liquor King S. 20
- 🛍24 [B6] The Mill Liquorsave S. 20
- 🛍25 [C5] CityStop 24/7 Convenience Store S. 21
- 🛍26 [C5] Fix 24/7 Convenience Store S. 21
- 🛍27 [D6] Moore Wilsons S. 22
- 🛍28 [D5] Harbourside Market S. 21

Anhang
Liste der Karteneinträge

- 🏠29 [E5] Wellington City Market S. 21
- 🏠30 [C5] Wellington Night Market S. 22
- 🏠31 [C4] Wellington Underground Market S. 22
- 🍴32 [D5] Chow S. 26
- 🍴33 [C3] Dockside S. 26
- 🍴34 [C3] Foxglove S. 26
- 🍴35 [C6] Logan Brown S. 26
- 🍴36 [D6] Lone Star S. 26
- 🍴37 [E5] Martin Bosley's S. 26
- 🍴38 [C5] Matterhorn S. 27
- 🍴39 [C5] Meow S. 27
- 🍴40 [D5] Monsoon Poon S. 27
- 🍴41 [D5] Pizzeria Napoli S. 27
- 🍴42 [C6] Southern Cross S. 27
- 🍴43 [C4] St. Johns S. 28
- 🍴44 [D6] Sweet Mother's Kitchen S. 28
- 🍴45 [D6] Tasting Room S. 28
- ☕46 [G5] Beach Babylon S. 28
- ☕47 [D6] Caffe L'affare S. 29
- ☕48 [E5] Chalk S. 29
- ☕49 [C4] Finc S. 29
- ☕50 [C6] Floriditas S. 29
- ☕51 [C4] Lamason S. 29
- ☕52 [C6] Midnight Espresso S. 30
- ☕53 [C3] Mojo Waterfront S. 30
- ☕54 [C6] Olive S. 30
- ☕55 [D4] Gelissimo S. 31
- ☕56 [D6] Kaffee Eis - Filiale 1 S. 31
- ☕57 [C4] Kaffee Eis - Filiale 2 S. 31
- ☕58 [D6] Ancestral S. 31
- ☕59 [C1] Backbencher S. 32
- 🍷60 [D5] El Horno S. 32
- ☕61 [C5] Molly Malones S. 32
- 🍷62 [D6] Motel S. 32
- ☕63 [C6] Ombra S. 33
- ☕64 [B5] Rogue & Vagabond S. 33
- ☕65 [D6] Boogie Wonderland S. 33
- ☕66 [D5] Fringe Bar S. 33
- ☕67 [D7] Front Room S. 34
- ☕68 [C5] Mighty Mighty S. 34
- ☕69 [C6] San Francisco Bath House S. 34
- ☕70 [D5] Circa Theatre S. 34
- ☕71 [D5] Downstage S. 34
- ☕72 [C4] Michael Fowler Centre S. 34
- ☕73 [C5] Opera House S. 34
- ☕74 [D5] St James Theatre S. 35
- ☕75 [C4] Town Hall S. 35
- ☕76 [C3] TSB Arena S. 36
- 🏛77 [A3] Cable Car Museum S. 36
- 🏛78 [B7] Colonial Cottage Museum S. 37
- 🏛79 [bj] Katherine Mansfield Birthplace S. 37
- 🏛80 [B6] National Tattoo Museum of New Zealand S. 37
- 🖼81 [C3] Academy of Fine Arts S. 38
- 🖼82 [A4] Adam Art Gallery S. 38
- 🖼84 [C3] New Zealand Portrait Gallery S. 38
- ★85 [C4] Frank Kitts Park S. 41
- ★86 [C2] Midland Park S. 41
- ★88 [F5] Oriental Bay S. 41
- 🏛89 [D1] National Archives New Zealand S. 51
- 🏛90 [ck] Window into Workshop S. 57
- 🏛91 [eh] Experience Stansborough S. 57
- ☕92 [C2] Café Astoria S. 70
- ☕93 [A2] Café Picnic S. 74
- ☕94 [cl] Café Polo S. 87

Liste der Karteneinträge

- 🍴95 [cl] Gasworks S. 87
- 🍴96 [cl] The Cutting Pub & Thai Restaurant S. 87
- 🍴97 [ck] The Larder Restaurant S. 87
- 🛍98 [ck] Gifts & Homeware S. 88
- ☕99 [ck] Chocolate Fish Café S. 88
- ☕100 [ck] Scorch O Rama Café S. 88
- ☕101 [bl] Elements Café S. 90
- ☕102 [bm] Maranui Café S. 90
- 🏛103 [eh] Settlers Museum S. 91
- ●105 [bj] Deutsche Botschaft in Wellington S. 104
- ●106 [C5] Österreichisches Honorargeneralkonsulat S. 104
- ●107 [C2] Schweizer Botschaft in Wellington S. 104
- ●108 [B4] Immigration New Zealand S. 104
- 🛍109 [C5] Photo Warehouse Wellington City S. 106
- 🛍110 [D6] Wellington Photographic Supplies S. 106
- ❶111 [C4] i-Site Visitor Centre S. 108
- ●112 [C4] Ticketek Wellington S. 108
- ●113 [D5] Ticketek St James Theatre S. 108
- ●114 [C3] Ticketmaster Wellington S. 108
- ●115 [C6] Goethe-Institut Wellington S. 108
- 📖116 [C4] Wellington City Library S. 110
- @117 [C5] Iplay Internet Café S. 110
- ✚118 [bl] Wellington Hospital S. 111
- ✚119 [fg] Hutt Hospital S. 111
- ✚120 [bk] AMC – Wellington Accident & Urgent Medical Centre S. 111
- ✚121 [fg] Lower Hutt After Hours Medical Centre S. 111
- ✚122 [C3] City Medical Centre S. 111
- ✚123 [B5] Citygps S. 111
- ✚124 [C2] The Terrace Medical Centre S. 111
- ✚125 [C5] Life Pharmacy S. 112
- ✚126 [C4] Radius Pharmacy S. 112
- ✚127 [D5] Unichem Pharmacy S. 112
- ★128 [bl] Wellington Zoo: S. 112
- ●129 [C4] Capital E S. 114
- ●130 [C4] Tretbootfahren in der Lagune: S. 114
- ●131 [C3] Waterfront-Spielplätze: S. 114
- ●132 [bl] Jungleramas in Newtown: S. 114
- 🚩136 [C4] Wellington Central Police Station & Regional Headquarters S. 115
- ✉137 [C3] Post Shop Featherston Street S. 116
- ✉138 [C4] Central Post Shop S. 116
- ✉139 [D5] Post Shop Courtenay Place S. 116
- 🅂140 [C3] Fergs Kayaks Wellington Harbour S. 117
- 🅂141 [el] Bike Shed Eastbourne S. 117
- ❶143 [C6] S&M's S. 118
- ❶144 [C5] Club Ivy S. 118
- 🏨145 [F6] Wellington City Gaystay S. 118
- 🏛146 [H5] The Ivy S. 118
- ●147 [F5] Oriental Beach S. 119
- ●148 [ck] Scorching Bay S. 119
- ●149 [fj] Days Bay S. 119
- 🅂150 [F5] Freyberg Pool S. 119
- 🅂151 [bj] Thorndon Pool S. 119

071we Abb.: pwt/ Rob Brown

Anhang
Zeichenerklärung

- S152 [bl] Kilbirnie Pool S. 119
- S154 [fj] Days Bay Boat Shed S. 119
- S155 [bl] Realsurf S. 120
- S156 [E5] Sailing Academy S. 120
- 158 [D5] Museum Art Hotel Apartments S. 123
- 159 [E5] Copthorne Hotel Wellington Oriental Bay S. 123
- 160 [B3] James Cook Hotel Grand Chancellor S. 124
- 161 [C3] InterContinental Wellington S. 124
- 162 [C5] Amora Hotel Wellington S. 124
- 163 [B5] Abel Tasman Hotel S. 124
- 164 [C4] West Plaza Hotel S. 124
- 165 [B7] Capital View Motor Inn S. 124
- 166 [D5] YHA Wellington City S. 124
- 167 [D6] Base Wellington Backpackers S. 124
- 168 [B4] Trek Global S. 124
- 169 [D6] Wellywood Backpackers S. 124
- 170 [C4] Nomads Capital S. 124
- 171 [B5] Worldwide Backpackers S. 124
- 172 [B3] Lambton Heights B&B S. 125
- 173 [H4] 10 The Crescent Guest House S. 125
- 174 [cl] Acorns Seatoun Village S. 125
- 175 [C4] City Bach S. 125
- 176 [bm] Seafront Bach S. 125
- 177 [am] The Lighthouse S. 125
- 178 [E7] Booklovers B&B S. 125
- ●179 [D2] Railway Station S. 127
- 180 [D1] Ticket Office Wellington Railway Station S. 128
- ●181 [C3] East by West Ferries S. 128

> **Hier nicht aufgeführte Nummern** liegen außerhalb der abgebildeten Karten. Ihre Lage kann aber wie bei allen Ortsmarken im Buch mithilfe unserer Kartenansichten unter Google Maps™ gefunden werden (s. S. 140).

Zeichenerklärung

- ⊕ Arzt, Apotheke, Krankenhaus
- Bar
- Bed&Breakfast, Ferienwohnung
- Bibliothek
- Denkmal
- Café, Eiscafé
- Galerie
- Geschäft, Kaufhaus, Markt
- Hostel, Backpackers
- Hotel
- Imbiss, Pizzeria
- Information
- @ Internetcafé
- ⇨ Kirche
- Kneipe, Pub
- Museum
- Musikszene
- P Parkplatz
- Polizei
- ✉ Post
- Restaurant
- ★ Sehenswürdigkeit
- S Sporteinrichtung
- Theater

- Shoppingareal
- Gastro- und Nightlife-Areal
- Stadtspaziergang (s. S. 8)

Bewertung der Sehenswürdigkeiten

- ★★★ auf keinen Fall verpassen
- ★★ besonders sehenswert
- ★ wichtige Sehenswürdigkeit für speziell interessierte Besucher